Hanne Baar

Kierkegaard für Volljährige

Zum Inhalt:

*"Diese Krankheit ist nicht zum Tode"
(Joh. 11,4). Lazarus ist gestorben. Und
doch war diese Krankheit nicht zum Tode.*

Mit *Krankheit zum Tode* ist hier Verzweiflung gemeint, die zum geistlichen Tod führt, wenn man sie überspielt, nicht versteht, sich nicht zu ihr stellt, während sie im Innern heimlich wächst. Andererseits ist gerade Verzweiflung die Vorstufe für die Geburt des Selbst, des Geistes. Und so wird der Leser gewarnt und ermutigt. Gewarnt, die Gefahr zu sehen. Und ermutigt, die Chance zu nutzen, die in aller Verzweiflung liegt.

Leserstimmen:

Ein Abiturient: „Ich bin hin- und hergerissen zwischen maßlosem Erstaunen, wie scharf Kierkegaard denkt und wie wahnsinnig aktuell er ist – und einem Zurückschrecken wegen seiner Strenge."

Eine Achtundachtzigjährige: „ ... Wieso ich das Buch zweimal gelesen habe? Es ist für mich Medizin."

Inhalt

Vorbemerkungen 9

Erster Teil
Die Krankheit zum Tode ist Verzweiflung

Der Mensch ist Geist 13
Verzweiflung ist eine Krankheit im Geist 13
Ist Verzweiflung ein Vorzug oder ein Mangel?........... 14
Ein Verzweifelter denkt, er sei verzweifelt über *etwas* 15
Verzweiflung ist nicht die Ausnahme 17

Verzweiflung, Ausdruck eines Ungleichgewichts 21
Die Verzweiflung der Unendlichkeit...........................21
Die Verzweiflung der Endlichkeit.............................. 23
Die Verzweiflung der Möglichkeit.............................. 25
Die Verzweiflung der Notwendigkeit......................... 27

Verzweiflung unter dem
Gesichtspunkt von Bewusstheit...............................30
Verzweiflung, die nichts von sich weiß....................... 30
Verzweiflung, die sich bewusst ist, Verzweiflung zu sein 33
    Die Verzweiflung der Schwäche............................35
    Die Verzweiflung des Trotzes................................ 41

Zweiter Teil
Verzweiflung ist die Sünde

Verzweiflung ist Sünde 47
Sünde ist Verzweiflung 49
Die Möglichkeit des Ärgernisses 51
Die sokratische Definition von Sünde 54
Die Misslichkeit der Sünde 56

Sünde ist nicht Negation, sondern Position 58
Man kann in Hinsicht auf das Christentum
nur glauben oder Ärgernis nehmen 60
Wie selten oder häufig ist denn die Sünde? 61

Das Verbleiben im Zustand der Sünde 64
Jene Sünde, über seine Sünde zu verzweifeln 66
Die Sünde, an der Vergebung der Sünde zu verzweifeln 69
Gott sieht den Einzelnen 71
Die Entscheidung, das Christentum aufzugeben 75

Nachwort von Helmuth Vetter 79
Kiekegaards Original-Inhaltsverzeichnis 90
Lebensdaten Kierkegaards, Zeittafel 93

Meinem Sohn Florian
zum Volljährigkeits-Geburtstag

Vorbemerkungen zur zweiten Auflage

Der Däne Sören Kierkegaard schrieb *Die Krankheit zum Tode* im Jahr 1849 im Alter von 36 Jahren. Seine Bücher (s. Zeittafel S. 93) blieben bis zum Ende des 19. Jahrhunderts ziemlich unbekannt. Inzwischen sind die existenzphilosophische Richtung in Theologie und Philosophie weltweit ohne Kierkegaard undenkbar, und auch unsere heutige Psychologie kann viel lernen von ihm. Ein dänischer Biograph würdigte Kierkegaards Werk als *wirkliche* Psychologie, „da die wissenschaftliche Psychologie unserer Zeit zwar wissenschaftlich, aber nicht Psychologie ist" (Peter P. Rhode, *Sören Kierkegaard*, Hamburg 1992).

Kierkegaard ist ein unerschrockener Warner, ein Prophet. „An Sören Kierkegaard scheiden sich die Geister. Man kann sagen, dass kein Mensch, der von seinen Gedanken einmal angerührt wurde, aus diesem Abenteuer unverändert herauskommt" (Hans-Joachim Störig, Kleine Weltgeschichte der Philosophie, Stuttgart 2004).

Der Spruch, „Dir muss man wohl mal den Kopf zurechtrücken", den ich aus meiner Kindheit kenne, wird hier wahr. Das Wohlbefinden, das sich bei der Lektüre einstellt, geht, wie ich meine, darauf zurück. Kierkegaard setzt uns den Kopf zurecht, er zwingt uns, schärfer und richtiger zu denken.

Ich gehe davon aus, dass die hier vorgelegte bearbeitete und gekürzte, jedoch im Wesentlichen unverzerrte Wiedergabe von *Die Krankheit zum Tode* den einen oder anderen Leser auf den Geschmack bringt, das Original zu lesen.*

Dem Kierkegaard-Experten Helmuth Vetter danke ich für die Erlaubnis, als Nachwort einen Aufsatz zu übernehmen, der ursprünglich zu einem anderen Zweck geschrieben wurde und der Person und Leben Kierkegaards kompetent beleuchtet.

Genug der Worte! Betreten wir die Zeitmaschine, die uns mehr als 150 Jahre zurückversetzt. Also anschnallen, auf gehts ... Originalton Kierkegaard!**

Würzburg im Mai 2005   Hanne Baar

---

* Der vorliegenden Bearbeitung lag neben dem dänischen Originaltext *(SØren Kierkegaard, Sygdommen til DØden)* und einigen anderen deutschen Übersetzungen vor allem die von Gisela Perlet aus dem Dänischen übersetzte und mit Anmerkungen versehene Reclam-Ausgabe zugrunde: Sören Kierkegaard, Die Krankheit zum Tode, Reclam Universalbibliothek Nr. 9634.

**Wörtliche und sinngemäße Zitate wechseln miteinander ab, ohne dass die wörtlichen gegenüber den sinngemäßen Zitaten gekennzeichnet sind. – Wenn von mir in seltenen Fällen zur Verdeutlichung eine eigene Bemerkung hinzugefügt wurde, ist diese kenntlich gemacht durch eckige Klammern [ ].

Erster Teil

Die Krankheit zum Tode ist Verzweiflung

Der Mensch ist Geist,

doch was ist Geist? Geist ist das Selbst. Doch was ist das Selbst? Das Selbst ist ein Verhältnis, das sich zu sich selbst verhält. Oder es ist dasjenige an dem Verhältnis, dass es sich zu sich selbst verhält.

Der Mensch ist eine Synthese aus Endlichkeit und Unendlichkeit, aus Zeitlichem und Ewigem, aus Freiheit und Notwendigkeit. Eine Synthese ist das Verhältnis zwischen zweien. So gesehen ist der Mensch noch kein Selbst. Verhält sich dagegen das Verhältnis zu sich selbst, dann ist dieses Verhältnis das positive Dritte, und dies ist das Selbst.

Dieses Verhältnis, das sich zu sich selbst verhält, verhält sich, da es sich nicht selbst erschuf, gleichzeitig zu der Macht, die es in die Welt setzte und die allein in der Lage ist, es im Gleichgewicht zu halten.

Verzweiflung ist eine Krankheit im Geist,

im Selbst, und kann so ein Dreifaches sein: verzweifelt sich nicht bewusst sein, ein Selbst zu haben (uneigentliche Verzweiflung), verzweifelt *nicht* man selbst sein wollen und – verzweifelt man selbst sein wollen.

Alle Verzweiflung mündet am Ende in der dritten Art: verzweifelt man selbst sein wollen. Wenn dies gelungen und die Verzweiflung ganz beseitigt ist, beschreibt folgende Formel den erreichten Zustand: Indem sich das Selbst zu sich selbst verhält und es selbst sein will, gründet es durchsichtig in der Macht, die es setzte.

Ist Verzweiflung ein Vorzug oder ein Mangel?

Es ist einerseits ein unendlicher Vorzug, verzweifeln zu können, denn es deutet auf die unendliche Erhabenheit hin, dass der Mensch Geist ist, und gleichzeitig ist es das größte Unglück und Elend, nein, mehr noch, Verdammnis, verzweifelt zu *sein*.

Die Möglichkeit dieser Krankheit ist der Vorzug des Menschen gegenüber dem Tier. Auf diese Krankheit überhaupt aufmerksam zu sein, ist der Vorzug des Christen gegenüber dem natürlichen Menschen. Und von dieser Krankheit geheilt zu sein, ist des Christen Seligkeit.

Nichts an Verzweiflung zu spüren, ist noch kein Zeichen für die Abwesenheit von Verzweiflung. Nein, wirklich nicht verzweifelt zu sein setzt die Möglichkeit voraus, es sein zu können. Mit der Verzweiflung ist es daher nicht so wie mit jeder anderen Krankheit, bei der man davon spricht, dass ein Mensch sich diese Krankheit einmal zugezogen hat, zum Beispiel durch Unvorsichtigkeit, und nun hat er sie.

Verzweiflung ist als ein Missverhältnis zu verstehen, ein Missverhältnis im Verhältnis, durch das sich die Synthese Mensch zu sich selbst verhält. Ist dieses Missverhältnis eingetreten, bedeutet das nicht, dass dies, weil es nun so ist, so bleiben muss. Nein, jedes Mal, wenn sich das Missverhältnis äußert, in jedem Moment seines Bestehens ist es nötig, zurückzukehren zum rechten Verhältnis. Darin liegt die Verantwortung, die in jedem Moment, den es sie gibt, auf aller Verzweiflung ruht.

Christlich verstanden ist der Tod nicht das Ende, sondern ein Durchgang zum Leben. Insofern führt keine irdische körperliche Krankheit zum Tode. Der Tod ist das letzte Stadium der Krankheit, aber er ist nicht das Letzte. Soll also im strengsten Sinne die Rede sein von einer „Krankheit zum Tode", dann muss sie eine solche sein, bei der das Letzte der Tod und der Tod das Letzte ist. Und dies gerade ist die Verzweiflung. Denn die Qual der Verzweiflung liegt nicht im Sterben. Im Gegenteil, sie besteht darin, nicht sterben zu können. So lange der natürliche Tod die größte Gefahr ist, hofft der Mensch auf Leben. Wenn aber die noch entsetzlichere Gefahr droht, hofft man auf den Tod. Der Tod wird dann zur Hoffnung. Die Verzweiflung ist gerade die Hoffnungslosigkeit, nicht einmal sterben zu können, sterbenskrank zu sein, aber doch nicht zu sterben. Denn so wenig ein Dolch Gedanken töten kann, so wenig kann die Verzweiflung das Selbst, das ewig ist, dessen Wurm nicht stirbt und dessen Feuer nicht gelöscht wird, verzehren.

Ein Verzweifelter denkt, er sei verzweifelt über *etwas*,

in Wirklichkeit verzweifeln wir, wenn wir verzweifeln, über uns selbst. Ein Herrschsüchtiger zum Bespiel, dessen geheime Losung lautet, „Cäsar sein oder nichts", verzweifelt, wenn er nicht Cäsar wird. Das bedeutet aber, dass er, weil er nicht Cäsar wurde, es jetzt nicht aushalten kann, er selbst zu sein. Sein Selbst ist ihm das Unerträglichste von allem. Oder richtiger, es ist ihm unerträglich, dass er sich selbst nicht loswerden kann, dass er gezwungen ist, dieses

Selbst zu sein, das er nicht sein will. Und das ist auch dann seine Verzweiflung, wenn es ihm glücken sollte, weder sein Selbst noch seine Verzweiflung zu spüren.

Nein, über *etwas* zu verzweifeln ist noch nicht eigentlich Verzweiflung. Es ist erst der Anfang, so, als ob der Arzt von einer Krankheit sagt, sie sei noch ungeklärt. Wenn zum Beispiel ein junges Mädchen über den Verlust des Geliebten, der gestorben ist oder ihr untreu wurde, verzweifelt, verzweifelt es in Wirklichkeit über sich selbst. Sie hätte ihr eigenes Selbst, wenn dieses sein Liebstes geworden wäre, auf die beglückendste Weise aufgeben können. Aber nun ist es ihr eine Plage, ein Selbst ohne ihn sein zu müssen.

Über sich selbst verzweifeln und deshalb sich selbst loswerden zu wollen ist die Formel für alle Verzweiflung. Und auch der, der verzweifelt er selbst sein will, will sich im Grunde selbst loswerden. Denn jenes Selbst, das der Mensch in dem Fall verzweifelt sein will, ist ein Selbst, das er nicht ist. Ein Selbst nach seinen eigenen Vorstellungen, ja, das würde ihm Lust bedeuten. Aber der zu sein, der er ist und der er gar nicht sein will, das ist Qual, eine Qual, die darin besteht, sich selbst nicht loswerden zu können. Wollte er jenes Selbst, das er in Wahrheit ist, auch sein, dann wäre dies das Gegenteil von Verzweiflung.

Aber auch wenn es dem Verzweifelten noch so sehr gelänge, in Unwissenheit über seine Verzweiflung zu bleiben und zu glauben, sein Selbst so ganz und gar verloren zu haben, weil er es nicht mehr spürt: Die Ewigkeit wird ihm offenbaren, dass sein Zustand Verzweiflung war. Sie wird sein Selbst festnageln, so dass sich die Ansicht, es losgeworden zu sein, als Einbildung herausstellt und die Qual, es nicht loswerden zu können, bleibt. Und so muss die Ewigkeit mit ihm verfahren, denn ein Selbst zu haben, ein Selbst zu sein, das ist das Größte, das unendliche Zugeständnis, das dem Menschen gemacht ist. Und es ist zugleich die große Aufgabe, die ihm die Ewigkeit stellt.

Verzweiflung ist nicht die Ausnahme,

sondern von Verzweiflung völlig frei zu sein, wäre es. Die Menschen unterscheiden sich nicht darin, dass die einen verzweifelt sind und die anderen nicht, sondern darin, dass die einen sich ihrer Verzweiflung bewusst sind, während die anderen davon nichts ahnen. Dabei ist der, der sich seiner Verzweiflung bewusst ist, ein wenig näher daran, geheilt zu werden als jemand, der nicht für verzweifelt angesehen wird und sich auch selbst nicht dafür hält.

Wie ein Arzt wohl sagen kann, dass kein einziger Mensch ganz gesund ist, könnte man sagen, dass kein Mensch ganz ohne Verzweiflung ist. Denn irgendwo in eines jeden Innern wohnt doch eine Unruhe, ein Unfrieden, eine Disharmonie, die Angst vor etwas Unbekanntem, womit man nicht einmal Bekanntschaft zu machen wagt, so dass, wie der Arzt davon redet, man laufe mit einer Krankheit im Leibe herum, man an einer Krankheit des Geistes trägt, die hin und wieder blitzartig verrät, dass sie in einem steckt. Man darf sich hier wie ein Arzt nicht darauf verlassen, was der Patient selbst meint, bevor man ihn nicht untersucht hat. Denn zum Arztsein gehört es, zu erkennen, ob derjenige, der vorgibt, krank zu sein, wirklich krank ist und ob der, der vorgibt, gesund zu sein, vielleicht nicht doch krank ist. So auch im Seelischen, wo nicht immer diejenigen verzweifelt sind, die sagen, sie seien es. Der Seelenkundige sieht schnell, wenn eine Verstimmtheit nichts Großes zu bedeuten hat. Allerdings ist in dem Fall gerade dies, dass man verstimmt ist über etwas, was nichts zu bedeuten hat und auch nie jemals etwas bedeuten wird, ein Zeichen für Verzweiflung.

Wenn man den Menschen nicht unter der Bestimmung Geist, sondern lediglich als seelisch-leibliche Synthese betrachtet, ist Gesundheit das Normale. Wenn wir jedoch von Verzweiflung reden, ist es nötig, den Menschen unter der Bestimmung Geist zu sehen. Und Verzweiflung ist dann gerade dies, dass der Mensch sich nicht bewusst ist, Geist zu sein.

So kann es, wenn sich Verzweiflung im Erleben nicht zeigt, bedeuten, von der Verzweiflung bereits erlöst zu sein oder aber, tief verzweifelt zu sein, ohne es zu wissen. Sicherheit und Beruhigung können Sicherheit und Beruhigung bedeuten. Sie können aber auch zutiefst Verzweiflung sein. Bei körperlichen Krankheiten ist das anders. Nicht krank zu sein, kann nicht gleichzeitig bedeuten, doch krank zu sein. Aber keinerlei Verzweiflung zu fühlen, kann gerade heißen, dass man sehr verzweifelt ist. Man kann sich auf das Wohlbefinden als Zeichen dafür, nicht verzweifelt zu sein, nicht verlassen.

Selbst zum Beispiel in einem jungen Mädchen, was – menschlich gesprochen – das Schönste und Liebenswerteste von allem ist, eine weibliche Jugendlichkeit, die eitel Friede, Harmonie und Freude ist, verbirgt sich doch auch Verzweiflung. Tief innen, zu allerinnerst in der heimlichsten Verborgenheit des Glücks, da wohnt auch die Angst, welche die Verzweiflung ausmacht. – Ja, dies ist die liebste, die ausgesuchteste Wohnstatt der Verzweiflung: im innersten Innern des Glücks.

Und deshalb gelingt es auch nicht, mit dieser jugendlichen Unmittelbarkeit durchs Leben zu kommen. Und glückt es diesem Glück doch, durchzuschlüpfen, dann hilft das nur wenig, denn auch dieses Glück ist Verzweiflung.

Ich könnte eine Ewigkeit darüber weinen, dass es dieses Elend gibt, dass die Verzweiflung so verborgen sein kann, dass man selbst nichts von ihr weiß. Denn wenn die Lebenszeit abgelaufen ist, wenn der Lärm der Weltlichkeit verstummt ist, wenn die rastlose oder unwirksame Geschäftigkeit ein Ende gefunden hat, wenn alles still um dich geworden ist, dann ist es gleichgültig, ob du Mann oder Frau, reich oder arm, abhängig oder unabhängig, glücklich oder unglücklich gewesen bist, ob du als Mächtiger Bedeutung hattest und man deines Namens gedenkt, solange die Welt besteht oder ob du als Namenloser mitliefst in der Menge: die Ewigkeit fragt dich und jeden einzelnen unter diesen Millionen von Millionen nach deiner Verzweiflung.

Warst du in der Weise verzweifelt, dass du nichts davon wusstest? Oder so, dass du deine Verzweiflung in deinem Innern verborgen hast wie ein nagendes Geheimnis? Oder pflegtest du sie zum Schrecken für andere in Wut und Raserei auszutoben? Wenn es so war, wenn du verzweifelt gelebt hast, dann spielt es keine Rolle, was du im übrigen gewinnen konntest, es ist alles für dich verloren. Die Ewigkeit erkennt dich nicht an. Sie kannte dich nie. Oder noch entsetzlicher: Sie erkennt dich, wie du erkannt bist und setzt dich durch dein Selbst in der Verzweiflung fest.

Es wird viel von menschlicher Not und Bedrängnis gesprochen oder davon, sein Leben zu vergeuden. Vegeudet ist das Leben nur für den, der, von Freud und Kummer abgelenkt und betrogen, sich niemals als Geist, als Selbst, bewusst wurde. Oder, was dasselbe ist, der niemals darauf aufmerksam wurde, dass es einen Gott gibt und dass er selbst, sein Selbst, da ist für diesen Gott – ein Gewinn der Unendlichkeit, der nicht erreicht wird ohne Verzweiflung.

Verzweiflung ist die Krankheit, von der man einerseits sagen kann, dass es ein wahres Gottesgeschenk ist, sie zu bekommen, aber gleichzeitig, dass sie die allergefährlichste Krankheit ist, sofern man von ihr nicht geheilt werden will.

Verzweiflung, Ausdruck eines Ungleichgewichts

Das Selbst ist eine Synthese aus Endlichkeit und Unendlichkeit sowie aus Möglichkeit und Notwendigkeit. Da Verzweiflung zu verstehen ist als ein Missverhältnis im Verhältnis, durch das sich die Synthese Mensch zu sich selbst verhält, müssen sich die möglichen Arten von Verzweiflung herausfinden lassen, indem man über die Momente reflektiert, aus denen das Selbst als Synthese besteht.

Die Verzweiflung der Unendlichkeit

Damit beide Seiten, Unendlichkeit und Endlichkeit, zu ihrem Recht kommen, muss die Entwicklung darin bestehen, zuerst unendlich weit von sich selbst fortzukommen [von sich abzusehen], um das Selbst unendlich zu machen, aber dann wieder die ganze unendliche Strecke zurückfinden zu sich selbst, zur eigenen Endlichkeit. Fehlt eine der Bewegungen, kommt es zu einem Ungleichgewicht. Eine menschliche Existenz, die meint, nur unendlich zu sein oder nur dies sein will, ist in jedem Augenblick Verzweiflung. Man selbst werden heißt, weder nur endlich, noch nur unendlich werden. Man selbst werden heißt, *konkret* werden. Das, was in einem Menschenleben konkret werden soll, ist die Synthese aus beidem.

Die Verzweiflung der Unendlichkeit, der das Endliche fehlt, ist das Phantastische, das Grenzenlose, ist das, was den Menschen dergestalt in das Unendliche führt, dass es ihn bloß von sich weglockt und dann davon abhält, zu sich selbst zurückzukommen. – Diese Gefahr besteht gleichermaßen für Fühlen, Erkennen und Wollen.

Der Mensch mit phantastischen *Gefühlen* steht in Gefahr, sich in eine abstrakte Fühlsamkeit zu verflüchtigen. Das geschieht, wenn er sich zum Beipiel mit bestimmten Personengruppen oder der ganzen Menschheit in abstracto eins macht. Ähnlich führt die *Erkenntnis*, wenn sie phantastisch wird, nur weg vom Selbst.

Damit das Selbst ganz es selbst werden kann, ist es nötig, dass es, je mehr Erkenntnis es gewinnt, umso mehr auch sich selbst erkennt. Wird dieses Zurück nicht gefunden, dann ist ein noch so phantastisches menschliches Erkennen nur vergeudet. Und auch der *Wille*, wenn er phantastisch wird, kann nicht im selben Maße, in dem er unendlich wurde, zugleich ganz gegenwärtig und er selbst werden in dem kleinen Teil der Aufgabe, dem unendlich kleinen Teil an Arbeit, welcher sich noch heute ausführen ließe, noch in dieser Stunde, noch in diesem Augenblick. Nein, wenn er am stärksten unendlich wurde in Absichten und Entscheidungen, ist er am weitesten von sich weg. – Diese Gefahren liegen auch auf religiösem Gebiet. Das Gottesverhältnis ist eine Unendlichmachung. Diese Unendlichmachung kann einen Menschen so hinreißen, dass sie am Ende zur bloßen Berauschung wird.

Wer sich solcherart in das Phantastische stürzt, oder – in einer mehr passiven Form – davon hingerissen wird (verantwortlich ist er in beiden Fällen), zahlt beständig damit, dass er sein wahres Selbst entbehrt.

Gleichzeitig kann er recht gut dahinleben, beschäftigt mit dem Zeitlichen, kann sich verheiraten, Kinder zeugen, geehrt und angesehen sein. Und man merkt es vielleicht gar nicht, dass ihm in tieferem Sinne sein Selbst fehlt. Denn darüber wird in der Welt nicht viel Aufhebens gemacht. Die größte Gefahr, nämlich die, sich selbst zu verlieren, kann in der Welt so ruhig vor sich gehen, als wäre es nichts. Jeder andere Verlust, der eines Armes, eines Beines, einer Geldbörse, eines Hausangestellten usw. wird leichter wahrgenommen.

Die Verzweiflung der Endlichkeit

Die gegenteilige Entwicklung nun, die Verzweiflung der Endlichkeit, ist das Fehlen der Unendlichkeit, ist verzweifelte Begrenztheit und Borniertheit.

Der in geistlicher Hinsicht Beschränkte und Bornierte steht nicht in Gefahr, sich ins Unendliche zu verflüchtigen. Er verliert sich, indem er sich vollkommen verendlicht, zur Zahl wird, ein Mensch mehr, eine Wiederholung mehr im ewigen Einerlei. Er lässt sich sein Selbst gleichsam wegnarren von dem Wunsch, *wie die anderen* zu sein.

Ein solcher Mensch weiß Bescheid, wie es in der Welt zugeht, aber er vergisst, dass er ein Selbst hat, vergisst, dass er, göttlich verstanden, bei seinem Namen gerufen ist.

Auf diese Form der Verzweiflung wird man nun so gut wie überhaupt nicht aufmerksam. Ein solcher Mensch hat gerade dadurch, dass er sich selbst verloren hat, eine erstaunliche Vervollkommnungsfähigkeit erlangt, die Fähigkeit, aufzugehen im Handel und Wandel, ja, sein Glück zu machen in der Welt. Da gibt es keine Dummköpfigkeit, keine Schwierigkeit mit seinem Selbst. Er ist abgeschliffen wie ein Kieselstein, gebräuchlich wie eine Münze. Keine Rede davon, dass ihn jemand für verzweifelt ansieht.

Diese Art von Verzweiflung, die nicht nur keine Ungelegenheit bereitet, sondern das Leben bequem und behaglich macht, wird natürlich in keiner Weise für Verzweiflung gehalten. Nein, er ist in den Augen der Welt gerade ein Mensch wie er sein soll. Man lobt seine Verschlossenheit mit dem Sprichwort, *Reden ist Silber, Schweigen ist Gold.* Und übersieht, dass in Wirklichkeit das Schweigen das Allergefährlichste ist.

Durch das Schweigen ist der Mensch allein sich selbst überlassen. Die Wirklichkeit kommt ihm nicht korrigierend zu Hilfe, indem sie die Folgen seiner Rede über ihn bringt. Deshalb fürchtet derjenige, der weiß, was das Entsetzliche ist, gerade am allermeisten jenen Missgriff, jene Sünde, die die Richtung nach innen nimmt und keine Spur im Äußeren hinterlässt.

In den Augen der Welt ist es vielleicht klug, lieber nichts zu wagen, weil man verlieren kann. Und doch, indem man nichts wagt, kann man gerade so entsetzlich viel mehr verlieren als durchs Wagen, wie viel man dabei auch verloren hätte. Jedenfalls verliert der, der Wagnisse eingeht, niemals auf die Art, als wäre das, was man verliert, nämlich sich selbst, nichts. Habe ich verkehrt gewagt, dann hilft mir das Leben mit einer Strafe. Aber habe ich überhaupt nicht gewagt, wer hilft mir dann?

Das höchste Wagnis ist es, auf sich selbst aufmerksam zu werden. Wenn ich dieses Wagnis nicht eingehe, sondern nur feige alle irdischen Vorteile zu gewinnen versuche, dann passiert es, dass ich mich selbst verliere.

Wer auf diese Weise verzweifelt ist, kann sehr gut und eigentlich noch besser als der, der unter der Verzweiflung der Unendlichkeit leidet und dem das Endliche fehlt, in der Zeitlichkeit dahinleben, ein Mensch sein, von dem man etwas hält, geehrt und angesehen, beschäftigt mit allen Angelegenheiten der Zeitlichkeit. Gerade das, was man Weltlichkeit nennt, besteht aus lauter solchen Menschen, die sich sozusagen der Welt verschrieben haben. Sie gebrauchen ihre Fähigkeiten, sammeln Geld, treiben weltliche Geschäfte, berechnen alles Wichtige klug, werden vielleicht sogar ihrer Verdienste wegen in der Weltgeschichte genannt. Aber sie sind nicht sie selbst, sie haben – geistig gesehen – kein Selbst, wie selbstisch sie im Übrigen auch sein mögen.

Die Verzweiflung der Möglichkeit

Wie das Selbst als Synthese das Gleichgewicht zwischen Unendlichkeit und Endlichkeit braucht, bedarf es auch eines Gleichgewichtes von Möglichkeit und Notwendigkeit. Ein Selbst, dem Möglichkeit fehlt, ist ebenso Verzweiflung wie ein Selbst, das keine Notwendigkeit kennt.

Die Verzweiflung der Möglichkeit bedeutet das Fehlen von Notwendigkeit. Wie die Endlichkeit im Verhältnis zur Unendlichkeit das Begrenzende ist, so verhält sich auch die Notwendigkeit zur Möglichkeit: begrenzend.

In der *Verzweiflung der Möglichkeit* überrennt die Vorstellung dessen, was alles möglich ist, die Notwendigkeit. Das Selbst, das von sich wegstrebt hinein in die Möglichkeit, hat kein Notwendiges, wohin es zurückkehrt. Und so strampelt sich das Selbst in dem, was möglich ist, müde. Es kommt nicht von der Stelle. Gerade noch wurde es verlockt von etwas Bestimmtem, aber dann, im nächsten Augenblick, zeigt sich schon wieder eine neue Möglichkeit. Zum Schluss ist es, als wäre alles möglich, und das ist gerade der letzte Augenblick, bevor der Abgrund das Selbst völlig verschlingt.

Jede kleine Möglichkeit braucht, um Wirklichkeit zu werden, Zeit. Und zum Schluss wird die Zeit, die für die Wirklichkeit gebraucht werden sollte, immer kürzer. Alles wird immer augenblicklicher. Die Möglichkeit wird intensiver und intensiver, doch nicht so, dass etwas von dem, was möglich ist, auch wirklich würde. Schließlich folgen die phantastischen Trugbilder einander Schlag auf Schlag, so schnell, dass das Individuum womöglich am Ende selbst zu einer Fata Morgana wird.

Bei genauerem Hinsehen ist das, was diesem Selbst fehlt, jedoch die Bereitschaft, das Notwendige zu beachten, denn die Wirklichkeit ist die Einheit von Möglichkeit und Notwendigkeit. – Wenn sich ein Selbst derart in der Möglichkeit verläuft, dann ist das nicht Mangel an Kraft, zumindest nicht so, wie man es im Allgemeinen versteht. Nein, was dem Selbst fehlt, ist die Kraft, die Notwendigkeiten zu sehen und sich unter die eigenen Grenzen zu beugen. Und das eigentliche Unglück besteht nicht darin, dass ein solches Selbst schließlich in der Welt nichts wurde, sondern dass es nicht auf sich selbst aufmerksam wurde, dass es nicht sieht, dass jenes Selbst, das es ist, ein ganz bestimmtes und somit notwendiges ist.

In der Möglichkeit ist alles möglich. Man kann deshalb auf jede nur mögliche Weise in die Irre gehen, aber wesentlich auf zwei Arten. Die eine Art ist die wünschende, die sich sehnende, und die andere die der Furcht oder Angst.

Der Ritter im Märchen, dessen Blick plötzlich auf einen schönen Vogel fällt, läuft hinter diesem Vogel her, wobei es zu Anfang aussieht, als wäre er ihm ganz nahe. Aber dann fliegt der Vogel immer weiter. Auf diese Weise wird es Nacht. Der Ritter, von den Seinen weit entfernt, kann den Weg nicht mehr sehen. So ist es mit der Möglichkeit des Wunsches. Statt die Möglichkeit in die Notwendigkeit zurückzunehmen, läuft der Mensch der Möglichkeit nach. In der Beschränkung durch Angst geschieht das Entgegengesetzte auf dieselbe Weise. Das Individuum verfolgt eine Möglichkeit der Angst, durch die es in gleicher Weise von sich selbst fortgeführt wird, so dass es am Ende in der Angst umkommt oder in dem, worin es umzukommen fürchtet.

Die Verzweiflung der Notwendigkeit

dagegen ist das F e h l e n von Möglichkeit. Wie man das Herumirren in der Möglichkeit vergleichen könnte mit dem Kinderlallen von Vokalen, so das Fehlen der Möglichkeit mit einem Stummsein oder dem Aussprechen von lauter Konsonanten. Denn wie Vokale dazugehören, Konsonanten aussprechen zu können, so gehört zur Notwendigkeit die Möglichkeit. Wenn sie fehlt, ist der Mensch verzweifelt.

Man sagt es oft so dahin, dass für Gott alles möglich ist. Die volle Bedeutung dieses Satzes erscheint aber erst dann, wenn der Mensch zum Äußersten gebracht ist, wenn er – menschlich gesprochen – keine Möglichkeiten mehr hat. Jetzt entscheidet sich, ob er glauben will, dass für Gott alles möglich ist.

Denke dir jemanden, der mit dem ganzen Grauen seiner Einbildungskraft den einen oder anderen für ihn unerträglichen Schrecken als unabwendbar vor Augen hat. Nun passiert es, dass ihm gerade dieser Schrecken zustößt. Menschlich gesprochen ist sein Untergang nun das Gewisseste von allem. Er sieht keine Möglichkeit mehr, dem zu entrinnen, und bekommt – ohne Möglichkeit – gleichsam keine Luft. Vorübergehend kann ihm nun die Einbildungskraft seiner Phantasie Möglichkeit schaffen. Aber am Ende gilt es zu glauben. Der Glaubende besitzt das ewig sichere Gegengift gegen die Verzweiflung: Möglichkeit, weil bei Gott alles möglich ist.

Die, für die alles Notwendigkeit ist, zum Beispiel weil sie alles als vorherbestimmt ansehen, der Fatalist ebenso wie der Determinist, haben ihr Selbst verloren. Ihr Gott ist die Notwendigkeit, ihre Gottesverehrung eine stumme Unterwerfung unter diese. Doch: Für Gott ist alles möglich. Dass alles möglich ist, das *ist* Gott. Und nur der, dessen Wesen so erschüttert worden ist, dass er fähig wurde, das zu verstehen, hat sich mit Gott wirklich eingelassen.

Das Wissen, dass Gott alles möglich ist, macht, dass ich beten kann. Der dagegen, dessen Gott die Notwendigkeit ist, ist Gott gegenüber sprachlos wie ein Tier.

Mit der Haltung von Spießbürgerlichkeit oder Trivialität, der auch die Möglichkeit fehlt, verhält es sich etwas anders.

Ohne Phantasie lebt der Spießbürger in einem gewissen trivialen Inbegriff von Erfahrungen darüber, wie es zugeht, was möglich ist, was zu geschehen hat, ganz gleich, ob er nun Bier zapft oder ein Land regiert. Die Spießbürgerlichkeit glaubt über die Möglichkeit zu verfügen, aber sie führt diese nur im Käfig der Wahrscheinlichkeit gefangen umher. Fatalismus und Determinismus haben noch Phantasie genug, um an der Möglichkeit zu verzweifeln, und Möglichkeit genug, um die Unmöglichkeit aufzudecken. Die Spießbürgerlichkeit hingegen beruhigt sich beim Trivialen.

Spießbürgerlichkeit ist Geistlosigkeit. Ihr fehlt jeder Gesichtspunkt des Geistes. Die Geistlosigkeit der Spießbürgerlichkeit ist jedoch auch Verzweiflung. Sie geht im Wahrscheinlichen auf, innerhalb dessen das Mögliche zwar ein bisschen Platz findet. Doch ihr fehlt die Möglichkeit, auf Gott aufmerksam zu werden. – Mit der Kühnheit der Verzweiflung schwingt sich der Mensch empor, der sich in der Möglichkeit verirrt. Zusammengepresst in Verzweiflung verhebt sich der am Dasein, dem alles notwendig wurde. Doch geistlos triumphiert die Spießbürgerlichkeit.

Verzweiflung unter dem Gesichtspunkt von Bewusstheit

Das Entscheidende in Hinsicht auf das Selbst ist Bewusstheit. Je mehr Bewusstheit, desto mehr Selbst. Je mehr Bewusstheit, desto mehr Wille. Je mehr Wille, desto mehr Selbst. Ein Mensch, der überhaupt keinen Willen hat, ist kein Selbst. – Hauptsächlich muss die Verzweiflung betrachtet werden unter dem Gesichtspunkt Bewusstheit.

Je mehr Bewusstheit, umso intensiver wird Verzweiflung wahrgenommen. Die Verzweiflung des Teufels ist die intensivste Verzweiflung, denn der Teufel ist reiner Geist und insofern absolutes Bewusstsein. Seine Verzweiflung ist der absolute Trotz.

Am geringsten ist die Verzweiflung bei dem, der in einer Art scheinbarer Unschuld nicht einmal davon weiß, dass das, was da tief in ihm lauert, Verzweiflung ist. Verzweiflung, die nichts von sich weiß, die nicht weiß, dass sie Verzweiflung ist, ist im Grunde die verzweifelte Unwissenheit darüber, ein Selbst, ein ewiges Selbst zu haben.

Verzweiflung, die nichts von sich weiß

Die Wahrheit hat es an sich, sich demjenigen, der sie liebt, selbst zu offenbaren. Doch die Menschen sind im Allgemeinen weit davon entfernt, die Wahrheit so zu lieben, dass sie, wie Sokrates, den Irrtum für das größte Unglück halten. Das Sinnliche hat bei ihnen das Übergewicht über derartige Unterscheidungen. Ein vorwiegend sinnlich bestimmter Mensch, der vermeintlich glücklich ist, während doch die Verzweiflung in ihm wohnt, ist weit davon entfernt, aus diesem Irrtum herausgerissen werden zu wollen. Im Gegenteil, er sieht denjenigen, der dies versucht, als seinen ärgsten Feind an und betrachtet diesen Versuch als etwas, was fast einem Morde gleich kommt. Er verdächtigt den andern, ihm sein Glück morden zu wollen. Wer in den Kategorien Behaglichkeit – Unbehagen völlig aufgeht und von Geist, Wahrheit und Ähnlichem nichts wissen will, ist zu sinnlich, als dass er den Mut hätte, Geist zu sein.

Man denke sich ein Haus, bestehend aus Keller, Erdgeschoss und erster Etage. Vergleicht man das Menschsein mit einem solchen Haus, so wäre hier das Traurige und Lächerliche der Fall, dass der Bewohner lieber im Keller seines eigenen Hauses wohnen als die Bel-Etage beziehen möchte, die doch zur freien Verfügung steht. Aber nicht nur das. Er weist den verbittert ab, der ihn in seinem eigenen Interesse darauf hinweist. Es gibt Beispiele, die das in einem ungeheuren Maßstab erhellen:

Ein Denker errichtet ein riesiges Gedankengebäude, welches das ganze Dasein und die Weltgeschichte umfasst. Doch wenn man sein persönliches Leben anschaut, entdeckt man mit Erstaunen das Entsetzliche und Lächerliche, dass er diesen ungeheuren, hochgewölbten Palast nicht persönlich bewohnt, sondern ein Wirtschaftsgebäude daneben oder eine Hundehütte oder höchstens die Pförtnerloge. Würde man sich nun erlauben, ihn mit einem einzigen Wort auf diesen Widerspruch hinzuweisen, dann wäre er beleidigt. In einem Irrtum befangen zu sein, das fürchtet er nicht, wenn er nur sein System fertigbringt und das womöglich mit Hilfe des Irrtums, in dem er befangen ist. – So viel nur dazu, dass es nichts zur Sache tut, ob der Verzweifelte selbst weiß, dass sein Zustand Verzweiflung ist.

Die Verzweiflung selbst ist eine Negativität, und die Unwissenheit darüber ist eine weitere. Um aber die Wahrheit zu erreichen, muss man zurück und durch jede Negativität hindurch. Denn hier gilt, was die Volkssage über das Aufheben eines gewissen Zaubers erzählt: Das Stück muss ganz und gar rückwärts durchgespielt werden, sonst wird der Zauber nicht behoben.

In der Unwissenheit darüber, verzweifelt zu sein, ist der Mensch am weitesten davon entfernt, sich seiner als Geist bewusst zu sein. Gerade dies aber, sich seiner als Geist nicht bewusst zu sein, ist Verzweiflung, ist Geistlosigkeit. Der Zustand mag im Übrigen entweder eine vollkommene Abgestorbenheit, ein bloß vegetatives Leben oder ein übersteigertes Leben sein. Im letzteren Fall geht es dann dem Verzweifelten so wie dem, der an Auszehrung leidet. Gerade wenn die Krankheit am gefährlichsten ist, fühlt er sich am wohlsten, hält sich für den Allergesündesten und scheint vielleicht auch anderen vor Gesundheit zu blühen.
    Diese Form der Verzweiflung (die Unwissenheit über sie) ist die allgemeinste in der Welt, in dem, was das Christentum Welt nennt: im Heidentum, wie es historisch war und ist, und im Heidentum, wie es sich heute findet.
    Zwar wird auch vom Heidentum selbst ein Unterschied gemacht zwischen Verzweifeltsein und Nicht-

verzweifeltsein, das heißt, es wird von Verzweiflung gesprochen, als wären nur einige wenige davon betroffen. Doch diese Unterscheidung ist trügerisch, ebenso trügerisch wie diejenige, welche das Heidentum und der natürliche Mensch zwischen Liebe und Selbstliebe machen, ohne zu wissen, dass auch das, was sie unter Liebe verstehen, wesentlich Selbstliebe ist. Weiter als bis zu dieser trügerischen Unterscheidung konnten und können das Heidentum und der natürliche Mensch unmöglich kommen, wie sie auch nicht wissen können, was Geistlosigkeit ist. Denn wie sollte das ästhetische Denken eine Frage beantworten können, die ihm gar keine Frage ist? Nein, nicht die ästhetische Bestimmung der Geistlosigkeit gibt den Maßstab an für das, was Verzweiflung ist und was nicht. Die Bestimmung, die gebraucht werden muss, ist die ethisch-religiöse: Jede menschliche Existenz, die sich ihrer nicht als Geist bewusst ist oder sich ihrer nicht vor Gott als Geist bewusst ist, jede menschliche Existenz, die sich nicht durchsichtig in Gott gründet, sondern die in etwas Abstraktem, Universellem dunkel ruht oder aufgeht, in Staat, Nation und dergleichen, oder von Fähigkeiten und Wirkkräften spricht, ohne zu wissen, woher sie sie hat, jede solche Existenz ist Verzweiflung.

Verzweiflung, die sich bewusst ist, Verzweiflung zu sein,

ist sich damit auch bewusst, ein Selbst zu haben, in dem etwas Ewiges liegt. Allerdings kann es sich auch um eine unrichtige Vorstellung von dem handeln, was Verzweiflung ist. Ein Mensch kann sich verzweifelt nennen und auch recht darin haben, dass er verzweifelt ist. Bei einer entsprechenden Betrachtung seines Lebens muss man aber vielleicht sagen: „Du bist im Grunde noch verzweifelter als du weißt. Deine Verzweiflung steckt noch viel tiefer."

Auch der Heide, der sich verglichen mit anderen als verzweifelt ansieht, hat Recht damit, dass er verzweifelt ist, aber Unrecht, dass die anderen es nicht wären. Das heißt, er ist sich seiner Verzweiflung bewusst, versteht aber nicht wirklich, was Verzweiflung ist.

Wir wollen hier nicht entscheiden, wieweit vollkommene Klarheit über sich selbst und darüber, dass man verzweifelt ist, sich vereinen lassen mit dem Verzweifeltsein, ob diese Klarheit nicht einen Schrecken bergen würde, der den Betroffenen aus der Verzweiflung herausreißen müsste. Wir wollen diesen Gedanken nicht bis zum Äußersten verfolgen, denn das Leben ist zu vielfältig, um bloß abstrakte Gegensätze zu zeigen, wie den zwischen einer Verzweiflung, die vollkommen unwissend ist, Verzweiflung zu sein, und einer, die sich dessen vollkommen bewusst ist.

Meist weiß der Mensch bis zu einem gewissen Grad, dass er verzweifelt ist. Er merkt es, wie einer es merkt, dass er mit einer Krankheit im Körper umhergeht. Doch er will sich nicht recht eingestehen, welche Krankheit es ist. Im einen Moment ist ihm beinahe deutlich, dass er verzweifelt ist, aber dann, in einem anderen Moment, ist es ihm doch, als hätte sein Unwohlsein einen anderen Grund, als läge es an etwas Äußerem, etwas außerhalb seiner selbst. Und wenn dies verändert würde, wäre er nicht verzweifelt.

Er versucht, durch Zerstreuungen oder Geschäftigkeit vor sich selbst eine Dunkelheit über seinen Zustand zu legen, doch das dann wiederum so, dass ihm nicht ganz deutlich wird, was er tut. Und selbst, wenn er es merken sollte, mit welchem Scharfsinn und mit welch kluger Berechnung er seine Seele in Dunkelheit versenkt, mag ihm dennoch das Bewusstsein davon fehlen, wie groß seine Verzweiflung im Grunde ist. – Es handelt sich hier um ein dialektisches Zusammenspiel von Erkenntnis und Willen. Und man kann in der Beurteilung eines Menschen sehr fehlgreifen, indem man entweder bloß seine Erkenntnis oder bloß seinen Willen beachtet.

Der Gegensatz zu aller Verzweiflung ist das Glauben. Und die Formel, die im Vorhergehenden bereits genannt wurde, um den Zustand zu beschreiben, in dem überhaupt keine Verzweiflung ist, ist dieselbe wie die Formel für den Glauben: Indem sich das Individuum zu sich selbst verhält [stellt] und es selbst sein will, gründet es durchsichtig in der Macht, die es setzte.

Die Verzweiflung der Schwäche

Die beiden Möglichkeiten *bewusster* Verzweiflung sind: verzweifelt nicht man selbst sein wollen (die Verzweiflung der Schwäche) und verzweifelt man selbst sein wollen (die Verzweiflung des Trotzes).

Durch einen Schicksalsschlag von außen, den Verlust von etwas, woran er sehr hängt, kann der Mensch, der sich bislang keiner Verzweiflung bewusst war, zu einer Empfindung kommen, die er Verzweiflung nennt.

Noch ist er benommen von seinem Schicksalsschlag, man könnte denken, er wäre tot. Inzwischen vergeht die Zeit, und er erfährt Hilfe im Äußeren. Da kommt sein Leben wieder in Gang, und er beginnt da, wo er sich fallen ließ – und lebt weiter.

Solch ein Mensch bekommt im Laufe der Zeit ein bisschen Verstand fürs Leben, er lernt die anderen Menschen nachzuahmen, wie sie es machen. Und so lebt er nun auch. In der Christenheit ist er zugleich Christ, geht jeden Sonntag in die Kirche, hört und versteht den Pfarrer, ja, die beiden verstehen einander, und wenn er stirbt, geleitet ihn der Pfarrer mit einem schönen Begräbnis in die Ewigkeit hinüber. Aber ein Selbst war dieser Mensch nicht, und ein Selbst wurde er nicht.

Diese Form von Verzweiflung ist: Verzweifelt nicht man selbst sein wollen. Oder noch niedriger: Verzweifelt nicht ein Selbst sein wollen. Oder am allerniedrigsten: Verzweifelt ein anderer als man selbst sein wollen.

Ein derartig Verzweifelter liebt die Vorstellung, dass die Auswechslung seines Selbst so leicht sei wie das Anziehen eines anderen Kleides. Er kennt sich ganz buchstäblich nur am Äußeren, am Kleid.

Man kann es kaum unterlassen zu lächeln über einen derart Verzweifelten, der, menschlich gesprochen, so sehr unschuldig ist. Man denke sich ein Selbst. Und außer Gott gibt es nichts so Ewiges wie ein Selbst. Und dann denke man sich, dass das Selbst den Einfall bekommt, ob es sich nicht machen ließe, dass es ein anderes würde als es selbst.

Der, in dem schon etwas Reflexion ist, etwas Ahnung, dass dieses Selbst unabhängig von Umständen und Äußerlichkeiten existiert, wer schon gewagt hat, auf sich aufmerksam zu werden, trifft jedoch auf eigene Unvollkommenheit oder andere Ursachen, die seine unmittelbare Selbstsicherheit ins Wanken bringen. Dass gerade dies der Anfang ist, die erste Form des unendlichen Selbst, das nackt geboren wird, das weiß er nicht. Und weil er das nicht weiß, verzweifelt er an seiner Armseligkeit.

Zwar hat dieser Mensch etwas mehr gewagt als der zuvor Erwähnte, doch den absoluten Bruch mit der Unmittelbarkeit, die Absonderung des Selbst vom Äußerlichen, diesen Schritt tut er nicht. Nein, hierzu hat er nicht genug Selbstreflexion oder nicht genug ethische Reflexion. Entkleidet von allem Äußeren will er sich nicht akzeptieren. Dass nur so das unendliche Selbst gewonnen wird, kann er nicht erkennen. Ganz so, wie einer seine Wohnung verlässt, weil zum Beispiel der Ofen qualmt, nimmt er Abstand von sich selbst. Gelegentlich kommt er zurück und schaut sozusagen bei sich herein, um zu erfahren, ob eine Veränderung eingetreten ist. Ist das der Fall, hat sich sein Problem gelöst, dann ist er wieder ganz der, der er vorher war. Seine Unmittelbarkeit hat er zurückgewonnen. Ein Selbst jedoch, das war er nur vorübergehend und nur bis zu einem gewissen Grade.

Gesetzt nun den Fall, das Problem, das ihn zur Verzweiflung brachte, lässt sich *nicht* lösen. Dann hilft er sich auf eine andere Weise. Er kehrt sich endgültig ab von der Richtung nach innen. Die ganze

Frage nach dem Selbst wird zu einer Art blinder Tür, hinter der nichts ist. Natürlich war er einmal verzweifelt, aber das gehört der Vergangenheit an. Darüber ist er längst hinweg. Heute geht es ihm gut, heute ist er das, was man eine Persönlichkeit nennt, heute genießt er Ansehen und steht seinen Mann. In der Christenheit ist er Christ, wenn auch so, wie er unter Heiden ein Heide und unter Holländern ein Holländer wäre.

Das Merkwürdige ist, dass dieser Mensch davon redet, verzweifelt g e w e s e n zu sein, und dass er nicht weiß, eine wie viel tiefere Verzweiflung sein jetziger Zustand ist. Im völligen Einklang mit der Welt lebt er so dahin. Denn um seine Seele bekümmert zu sein und Geist sein zu wollen, das sieht die Welt ja nicht nur als nicht wichtig, sondern als Zeitverschwendung an, ja, als eine nicht zu verantwortende Zeitvergeudung, die man eigentlich bestrafen sollte. Diese Ahnungslosigkeit, wo die eigentliche Gefahr liegt, das ist das Entsetzliche.

Es gibt nur sehr wenige Menschen, die einigermaßen unter der Bestimmung „Geist" leben. Denn von denen, die es versuchen, springen die meisten bald ab. Zwar gab es einen Augenblick in ihrem Leben, wo sie anfingen, die Richtung nach innen einzuschlagen, doch fast schon bei der ersten Schwierigkeit, auf die sie stießen, sind sie abgebogen. Es war ihnen, als führte dieser Weg nach innen in eine trostlose Wüste, während sich ringsumher schöne grüne Weide findet. Dahin streben sie nun, und das, was ihre beste Zeit war, tun sie ab, wenn sie sich daran erinnern, als sei es eine Kinderei gewesen.

Die eben geschilderte Form der Verzweiflung hat das Bewusstsein der Schwäche als ihr letztes Bewusstsein. Wer einen Reifeschritt weiter zu gehen wagt, versteht, dass die Schwäche darin besteht, sich das Irdische zu sehr zu Herzen zu nehmen. Wer das sehen kann, verzweifelt im Grunde nicht mehr über etwas, sondern an sich, an seinem ewigen Selbst, welches dem Irdischen so viel Wert beimisst. Doch statt sich nun von der Verzweiflung ab- und im Glauben an Gottes unendliche Möglichkeiten dem Ewigen zuzuwenden, vertieft sich dieser Mensch in die Verzweiflung, was ihm gleichzeitig zum Hinweis wird, dass er das Ewige verloren hat.

Wie ein Vater, der seinen Sohn enterbt, will sich das Selbst, nachdem es seiner eigenen Unvollkommenheiten ansichtig geworden ist, nicht zu sich bekennen. Dabei zieht es nicht in Betracht, Hilfe im Vergessen zu suchen oder unter die Geistlosigkeit zu schlüpfen, um so Mann und Christ zu sein wie andere auch, nein, dazu ist es schon zu sehr Selbst. Doch wie eine Person, die in der Liebe enttäuscht wurde, diese Qual nicht durch ein Verfluchen der Situation und des Geliebten aufheben und die Beziehung so auch nicht lösen kann, wird sich dieser Mensch durch sein Verhalten sich selbst gegenüber nicht los, nein, er fesselt sich durch seine Verzweiflung nur umso mehr an sich, an das eigene verhasste Selbst.

War die vorige Verzweiflung eine blinde Tür, die nichts verbarg, so ist hier eine wirkliche, allerdings meist sorgsam verschlossene Tür. Verschlossen, weil der Verzweifelte keine Menschenseele einweiht, wie es um ihn steht. Nach einem Vertrauten hat er kein Verlangen oder hat es zu bezwingen gelernt.

Gäbe es einen Mitwisser, dann würde dieser vielleicht zu ihm sagen: „Das ist doch Stolz. Du bist doch eigentlich stolz auf dein Selbst!" Diesen Gedanken würde er zunächst abweisen. Wieder allein mit sich selbst würde er sehen, dass vielleicht etwas daran sein könnte, sich aber gleichzeitig einreden, es könne doch wohl unmöglich Stolz bedeuten, über die eigene Schwäche so verzweifelt zu sein. Und er würde nicht merken, dass es gerade der Stolz ist, der der Schwäche ein solches Gewicht beimisst, dass er sie nicht zu ertragen vermag. In Wirklichkeit ist sein Problem nur eine sonderbare Art von Knoten, zu dem sich der Gedanke schlingt. Denn abgesehen von diesem Gedankenknoten ist die Sache mit der Schwäche ja normal und gerade der Weg, den er zu gehen hat. Der eigenen Schwäche ansichtig zu werden und ihr ins Gesicht zu sehen ist der Weg, über die Verzweiflung am Selbst zum Selbst zu finden.

Wollte man so zu ihm reden, dann würde er das in einem leidenschaftslosen Augenblick sicher bejahen. Doch bald würde die Leidenschaft seinen Blick aufs Neue trüben. Während er so hin und her schwankt und den Ausweg in den Glauben nicht findet, verschließt er sich in seiner Verzweiflung immer entschiedener. Äußerlich gesehen wird er sich vielleicht ins Leben stürzen. Doch je lauter der qualvolle Lärm seiner Gedanken wird, umso stärkere Mittel muss er anwenden, um ihn zu übertönen.

Die Verzweiflung am eigenen Selbst und damit am Ewigen ist intensiver als die über etwas Irdisches, doch sie ist, sofern der Mensch sie offen halten kann, der Erlösung näher als jene.

Die Verzweiflung des Trotzes

Die eben beschriebene Verzweiflung war die Verzweiflung dessen, der angesichts der eigenen Schwäche nicht er selbst sein will. Doch wer hier nur einen einzigen Schritt weitergeht, erlebt einen Umschwung. Und nun will er trotzig und verzweifelt er selbst sein.*

Zwar bestünde für den Trotzigen auch die Möglichkeit, sich mit der Hilfe des Ewigen selbst zu verlieren, um sich dadurch zu gewinnen. Doch diesen Umweg will das Selbst, das verzweifelt es selbst sein will, nicht gehen. Nein, jetzt will es unbedingt und sofort es selbst sein.

Auf dieser Stufe der Verzweiflung erlebt sich der Mensch als Handelnder. Im Bewusstsein seines unendlichen, ewigen Selbst will er nun unbedingt selbst über sich verfügen. Tatsächlich, das kann er nicht sehen, will er gar nicht er selbst, sondern lieber ein anderer sein, was bedeutet: Er will sich selbst erschaffen.

Was diesem Selbst fehlt, ist der Ernst, der in dem Wissen besteht, dass Gott es ansieht. Indem es sich damit begnügt, sich selbst anzusehen, wird es immer mehr zu einem bloß hypothetischen Selbst. Wirklich es selbst zu werden, gelingt ihm nicht. Und in der gesamten Dialektik, die sein Handlungsraum ist, gibt

---

[*Man beachte: „Verzweifelt" man selbst sein wollen bedeutet, „absolut" man selbst sein wollen. Das ist, wie Kierkegaard in ENTWEDER-ODER deutlicher entfaltet, wie alles Absolute neben Gott im Sinne des ersten Gebotes Götzendienst. „Einfach" man selbst sein wollen, das wäre nicht nur legitim, sondern gerade das Wünschenswerte.]

es nichts Gewisses, nichts wirklich Festes. Die absolute Selbstherrschaft dieses Menschen ist mit einem König ohne Land zu vergleichen. Ein solcher König regiert eigentlich über nichts. Auch dass sein Aufruhr legitim sei, hat sich das Selbst nur ausgedacht.

Stößt dieses Selbst, das trotzig-verzweifelt es selbst sein will, auf die eine oder andere Schwierigkeit, auf das, was der Christ *sein Kreuz* nennen würde, auf einen Grundschaden, der ganz beliebig sein kann, dann will es diese Schwierigkeit übergehen, so tun, als wäre sie nicht vorhanden. Doch das gelingt ihm nicht, das übersteigt seine Fertigkeit, sich Hypothesen auszudenken. Insofern bleibt es leidend und nimmt nun in seiner Qual Ärgernis am ganzen Dasein. Von Gott, dem alles möglich ist, Hilfe zu erwarten, das will es nicht. Und Hilfe bei irgendeinem anderen suchen, nein, das will es auch nicht. Diese Demütigung, Hilfe, so wie sie gegeben wird, anzunehmen, keinen Einfluss zu haben auf die Art, wie einem geholfen wird, das will der, der verzweifelt er selbst sein will, nicht. Und nun wirft er gerade auf diese Entscheidung seine ganze Leidenschaft, die schließlich zu einem dämonischen Rasen wird: Und wenn Gott im Himmel und alle Engel ihm Hilfe anböten, nein, jetzt will er nicht mehr. Jetzt ist es zu spät. Ja, vor einiger Zeit hätte er alles dafür gegeben, seine Qual loszuwerden, da ließ man ihn warten. Aber nun ist es zu spät. Nun will er rasen und der vom Dasein Benachteiligte sein, für den es von Wichtigkeit ist, dass er seine Qual bei der Hand hat, dass niemand sie ihm nimmt. Denn nur so kann er Recht behalten. – Ein derart Trotziger rast am heftigsten beim Gedanken daran, dass es der Ewigkeit einfallen könnte, ihm sein Elend wegzunehmen und, so denkt er, damit seine Berechtigung, der zu sein, der er ist. Hinter einer Tarnung von Gleichgültigkeit nach außen sichert er sich in seiner Verzweiflung einen Raum, eine Welt ausschließlich für sich, in der das verzweifelte Selbst rastlos und sinnlos damit beschäftigt ist, es selbst sein zu wollen.

Unsere Ausführungen begannen mit der niedrigsten Form von Verzweiflung. Angelangt sind wir bei der am höchsten potenzierten Form von Verzweiflung, deren stärkste Ausprägung die dämonische ist. Diese will nicht mehr nur – eitel vergafft in sich selbst – durch Selbsterschaffung und Selbstvergötterung verzweifelt sie selber sein, nein, sie will im Hass auf das Dasein existieren. Sie will nicht *im* Trotz, sondern *zum* Trotz sie selber sein. Sie will nichts hören von dem Trost, den die Ewigkeit für sie hat. Auch will sie sich nicht empört losreißen von Gottes Macht, nein, sie will sich mit böswilligem Triumph an sie halten und in ihrer Qual der lebendige Beweis sein gegen Gottes Güte.

Zweiter Teil

Verzweiflung ist die Sünde

In Teil I ging es zunächst um die Unwissenheit darüber, ein ewiges Selbst zu haben, dann um die Formen der Unausgewogenheit im Rahmen der Gegensätze Unendlichkeit – Endlichkeit bzw. Möglichkeit – Notwendigkeit. Vor allem wurde die Verzweiflung unter der Bestimmung zunehmender Bewusstheit betrachtet.

War der Maßstab in Teil I ein rein menschlicher, so geht es in Teil II um das Selbst „vor Gott", woraus sich der Begriff Sünde ergibt.

Mit der Lehre von der Sünde unterscheidet sich das Christentum vom Heidentum. Und erst mit der Lehre von der Sünde wird die Lehre von der Versöhnung verständlich.

Verzweiflung ist Sünde

Alle Unterscheidungen, mit denen wir uns in Teil I beschäftigt haben, geschahen unter der Voraussetzung, dass Maß und Ziel des Selbst im Menschen selber liegen. Das Selbst bekommt nun eine ganz andere Qualität unter dem Gesichtspunkt, dass es ein Selbst *vor Gott* ist, denn die Größe eines Selbst hängt ab von der Größe desjenigen, der für es *Maß*gebend ist. Der Heide und der natürliche Mensch haben als Maßstab lediglich das Menschliche. Daher ist auch die Selbstsucht des Heidentums nicht so ausdrücklich Sünde wie die eines Christen. – Ein Viehhirte, der, falls das möglich wäre, ein Selbst unmittelbar vor Kühen sein wollte, hätte ein sehr niedriges Selbst, ebenso ein Herrscher, der ein Selbst unmittelbar vor Sklaven wäre. Das Kind, das bislang nur den Maßstab der Eltern hatte, vergrößert sein Selbst, wenn es zum Mann heranwächst und der Staat sein Maßstab wird.

Welch eine unendliche Realität kommt dem Selbst nun zu durch das Bewusstsein, vor Gott zu existieren! Das Selbst, dessen Maßstab Gott ist, ist unendlich. Dass die Gottesvorstellung dabei ist, das ist es, was Sünde ermöglicht und was Verzweiflung zur Sünde macht.

Es gibt zwischen Verzweiflung und Sünde ein Grenzgebiet, wo sich eine Art „Dichterexistenz" in Hinsicht auf das Religiöse findet. Jene „Dichterexistenz" unterscheidet sich von der bloßen Verzweiflung, weil sie die Gottesvorstellung beinhaltet. Und in der Frage, inwieweit sie sich als Sünde bewusst ist, gleicht sie einem undurchdringlichen Wirrwarr.

Zu dichten, statt zu *sein*, sich zum Guten und Wahren durch Phantasie zu verhalten, statt das Gute und Wahre zu *sein* oder existenziell danach zu streben, das ist christlich betrachtet Sünde. – Ein solcher Dichter liebt Gott über alles. Gott ist ihm in seiner heimlichen Qual der einzige Trost. Und doch liebt er die Qual und will sie nicht lassen. Zwar will er gern er selbst sein vor Gott, doch nicht im Hinblick auf jenen bestimmten Punkt, in dem das Selbst leidet. Da will er verzweifelt nicht er selbst sein. Er hofft darauf, dass die Ewigkeit diesen Punkt wegnehmen wird. Denn wie sehr er auch darunter leidet, kann er sich doch nicht entschließen, ihn Gott auszuliefern. Gleichzeitig bleibt er in der Beziehung zu Gott. Nein, ohne Gott sein zu müssen, das wäre »zum Verzweifeln«. Während dessen gestattet er sich, vielleicht jedoch unbewusst, Gott ein kleines bisschen anders zu dichten als dieser ist, ein bisschen mehr à la lieber Vater, der dem Kind nur allzu gern zu Willen ist und ihm seinen einzigen Wunsch erfüllt. Vergleichbar einem, der durch Unglück in der Liebe zum Dichter wurde und nun das beseligende Glück der Liebe preist, wird er zum Dichter der Religiosität. Er wurde in seiner Religiosität unglücklich und begreift dunkel, dass von ihm verlangt wird, die Verzweiflung darüber loszulassen. Wobei er freilich meint, was wie jedes Wort eines Verzweifelten andersherum richtig und umgekehrt zu verstehen ist, dies hätte zu bedeuten, er müsse sich von seiner Qual trennen, wodurch er sie nur festhält. Was er eigentlich sollte, das kann er nicht. In letzter Bedeutung heißt das, das will er nicht. Hier endet sein Selbst in Dunkelheit.

Wie der in der Liebe unglücklich gewordene Dichter die Liebe besingt, so hat seine Religiösität dichterischen Schwung und lyrischen Zauber. Und was er mitteilt, ist nicht unwahr, keineswegs. Seine Darstellung fließt gerade aus seinem glücklicheren, seinem besseren Ich. Und dennoch, im strengen Sinne ist er nicht gläubig. Er hat vom Glauben nur das erste: die Verzweiflung. Und in ihr eine brennende Sehnsucht nach dem Religiösen. Er steht vor der Entscheidung: Soll er seinen »Pfahl im Fleisch« als ein Zeichen deuten, dass er der Berufene ist, bestimmt für das Außerordentliche? Oder soll er sich darunter demütigen, um statt des besonderen Menschen der allgemeine zu sein? – Aber genug davon! Wen interessiert schon eine derartige Untersuchung in der n-ten Potenz!

Sünde ist Verzweiflung,

und zwar entweder, vor Gott verzweifelt *nicht* man selbst sein wollen oder umgekehrt, vor Gott verzweifelt man selbst sein wollen.

Diese Definition von Sünde hat für sich, dass sie die einzige schriftgemäße ist. Denn die Schrift definiert Sünde stets als Ungehorsam. – Doch ist eine solche Definition nicht zu geistlich?

Dazu ist zuerst zu sagen, eine Definition von Sünde kann gar nicht zu geistlich sein, wenn sie nur nicht so geistlich wird, dass sie die Sünde abschafft, denn Sünde ist gerade eine geistliche Angelegenheit. Und danach: Weshalb sollte sie denn zu geistlich sein? Weil sie nicht von Mord, Diebstahl, Unzucht usw. spricht? – Aber spricht sie denn nicht davon?

Man darf nicht vergessen, dass auch ein Leben, in dem Mord, Diebstahl, Unzucht usw. *nicht* vorkommen, dennoch als Ganzes Sünde sein kann, weil es geistlos oder frech in Unwissenheit darüber bleiben will, in welch einem unendlich tiefen Sinne ein Selbst Gott zum Gehorsam verpflichtet ist, bereit, auf hellhörige Weise auch den kleinsten Wink Gottes zu verstehen, um ihm zu folgen, damit das geschieht, was der Wille Gottes mit diesem Selbst ist.

In der Welt geht es gewöhnlich so zu: Zuerst – schwach wie er ist – sündigt der Mensch. Dann lernt er vielleicht bei Gott Zuflucht zu suchen und sich zum Glauben, der tatsächlich von aller Sünde erlöst, verhelfen zu lassen. Danach fällt er erneut in Sünde. Und nun verzweifelt er über seine Schwäche. In dieser Verzweiflung wird er entweder ein Pharisäer, der es verzweifelt bis zu einer gewissen legalen Gerechtigkeit bringt, oder er stürzt sich erneut in Sünde.

Unsere Definition umfasst daher sicherlich jede denkbare Form von Sünde und hebt gewiss auch das Entscheidende richtig heraus: dass Sünde Verzweiflung ist. Denn Sünde ist nicht die Wildheit von Fleisch und Blut, sie ist die Zustimmung des Geistes hierzu – und das, während sie vor Gott ist.

Ich will daher nicht die einzelnen Sünden beschreiben, sondern nur darauf hinweisen, dass die obige Definition wie ein Netz alle Formen der Sünde einfängt. – Worauf ich bei all dem zusteuere, ist jedoch der Gegensatz zur Sünde.

Der Gegensatz zur Sünde ist nicht Tugend. Eine solche Betrachtung wäre eine heidnische, die sich mit einem nur menschlichen Maßstab begnügt. Der Gegensatz zur Sünde ist Glauben. Denn „was nicht aus Glauben geschieht, ist Sünde." [Rö 14. 23]

Es ist sehr entscheidend, dass der Gegensatz zu Sünde nicht Tugend ist, sondern Glauben. Und Glaube ist: dass sich das Selbst, indem es sich zu sich selbst stellt und es selbst sein will, durchsichtig gründet in Gott.

Den Gegensatz zur Sünde nicht in der Tugend, sondern im Glauben zu sehen, formt sämtliche ethische Begriffsbestimmungen um und verleiht ihnen einen Registerzug mehr. Das wiederum beinhaltet die Möglichkeit des Ärgernisses, das in allem, was christlich ist, immer mitschwingt.

Die Möglichkeit des Ärgernisses

Das Ärgernis besteht nicht darin, wie man oft angenommen hat, dass das Christentum finster und streng sei, sondern darin, dass sein Maß nicht das Maß des Menschen ist und dass es dem Menschen etwas so Außerordentliches anbietet, dass es diesem nicht in den Kopf will. – Daraus geht hervor, wie töricht man sich benimmt, wenn man dem Christentum zu seiner Verteidigung das Ärgernis wegnehmen will, und damit Christi eigene Anweisung ignoriert, der besorgt darauf hinweist, dass es die Möglichkeit eines solchen Ärgernisses gibt [Mt 11,6 und Lk 7,23].

Angenommen, ein mächtiger Kaiser teilt einem einfachen Manne, einem Taglöhner, mit, dass er diesen zum Schwiegersohn haben möchte. Da wird sich der Mann doch als Erstes fragen, ob der Kaiser ihn nicht zum Narren hält. Denn es gibt jenes *quid nimis*, jenes *zu viel*, das so leicht in Abwehr umschlagen kann. Ein kleiner Gunstbeweis des Kaisers, ja, das ginge dem Mann noch in den Kopf. Aber die Sache mit dem Schwiegersohn, das ist nun wirklich zu viel.

Und nun noch angenommen, es gäbe für diesen Mann keine äußeren Anzeichen oder Beweise, die ihm zur Gewissheit verhelfen könnten, sondern nur eine innere Wirklichkeit, so dass alles dem Glauben überlassen bliebe, dann wäre es doch sehr die Frage, ob dieser Tagelöhner so viel demütigen Mut besäße, um diese gute Nachricht zu glauben (denn frecher Mut kann nicht zum Glauben helfen). Wie viele Tagelöhner gäbe es wohl mit diesem Mut?

Und wem nun dieser Mut fehlte, wie würde der sich verhalten? – Er würde Ärgernis nehmen. Denn in seinen Ohren würde das Außerordentliche wie Spott über ihn klingen. Vielleicht würde er geradeheraus eingestehen: „Dergleichen ist mir zu hoch. Das will mir einfach nicht in den Kopf. Das ist, ich sage es frei heraus, eine Torheit."

Und nun das Christentum. Das Christentum lehrt, dass dieser Einzelne und damit jeder, mag er nun Mann, Frau, Dienstmädchen, Minister, Kaufmann, Friseur, Student usw. sein, dass dieser einzelne Mensch *vor Gott* da ist. Jemand, der sehr stolz darauf wäre, einmal in seinem Leben mit einem hochrangigen Mitglied der Regierung gesprochen zu haben und der sich nicht wenig darauf einbildet, mit diesem und jenem auf vertrautem Fuße zu sein, der ist da *vor Gott*, kann mit Gott in jedem beliebigen Augenblick und in der Gewissheit, von ihm gehört zu werden, sprechen. Kurz, dieser Mensch bekommt das Angebot, mit Gott auf vertrautestem Fuße zu leben. Und nicht nur das. Gott kommt um seinetwillen in die Welt, leidet, stirbt und bittet, ja fleht diesen Menschen nahezu an, die Hilfe, die ihm dadurch wurde, entgegenzunehmen.

Wer nicht den Mut der Demut besitzt, um dies zu glauben, was tut der? – Er nimmt Anstoß, Anstoß an diesem Angebot, weil es ihm zu hoch ist. Er muss es abwerten, zu Nonsens erklären. Denn sonst droht es ihn zu ersticken. Die Engherzigkeit des natürlichen Menschen kann sich das Außerordentliche, das Gott ihm zugedacht hat, selbst nicht zugestehen – und nimmt Ärgernis. – Wer Ärgernis nimmt, ist im Grunde ein verhinderter Bewunderer.

Ärgernis zu nehmen hat Ähnlichkeit mit Missgunst, wobei Missgunst als unglückliche Selbstbehauptung, Bewunderung dagegen als glückliche Selbstverlorenheit verstanden werden kann.

Man sieht, wie außerordentlich (um doch etwas Außerordentliches übrig zu lassen), wie außerordentlich dumm es ist, das Christentum zu verteidigen, wie wenig Menschenkenntnis es verrät, wie eine solche Verteidigung, obgleich unbewusst, unter einer Decke steckt mit dem Ärgernis, indem es das Christliche zu etwas so Kümmerlichem macht, das am Ende durch eine Verteidigung zu retten sein sollte.

Etwas zu verteidigen heißt immer, es herabzusetzen. Wer das Christliche verteidigt, der hat niemals daran geglaubt. Glaube ist Angriff und Sieg. Ein Glaubender ist ein Begeisterter, ein Sieger.

Dass es Sünde gibt, weiß auch der Heide, also der natürliche Mensch. Aber was die Sünde doch eigentlich zur Sünde macht, dieses „vor Gott", das ist ihm zu viel. Das bedeutet für ihn: Zu viel vom Menschen her zu machen, ein bisschen weniger, dann wäre er bereit, darauf einzugehen. Nein, was zu viel ist, ist zu viel.

Die sokratische Definition von Sünde

Nach sokratischer Definition ist Sünde Unwissenheit. Diese Definition lässt offen, wie die Unwissenheit zu verstehen ist. Hat der Mensch die notwendige Erkenntnis nie gehabt? Oder hat er sie besessen und dann verdunkelt? Und wenn er sie verdunkelt hat, ist dies wissentlich geschehen? Wenn er sich dessen nicht deutlich bewusst war, dann war die Erkenntnis ja schon verdunkelt, bevor er mit dem Verdunkeln begonnen hat.

Nimmt man dagegen an, dass er sich dessen deutlich bewusst war, dann läge die Sünde nicht in der Unwissenheit, sondern im Willen. Auf solche Untersuchungen lässt sich die sokratische Definition aber nicht ein.

Sokrates, obgleich als Ethiker des Altertums von großer Bedeutung, dringt mit seiner Definition nicht wirklich bis zur Bestimmung von Sünde vor. Denn wenn Sünde tatsächlich Unwissenheit wäre, dann gäbe es sie doch eigentlich nicht. Dass man das Richtige nicht weiß und deshalb das Unrichtige tut, das kann ja nicht Sünde sein. Woran man sieht, dass das Heidentum und der natürliche Mensch nicht wissen können, was Sünde ist, dass es einer Offenbarung von Gott bedarf, Sünde als Sünde zu erkennen.

Mit der Lehre von der Sünde unterscheidet sich das Christentum vom Heidentum. Und erst mit der

Lehre von der Sünde wird die Lehre von der Versöhnung verständlich.

Ist es in Zeiten wie dieser, die sich in einer ungeheuren Menge von Lehren, aufgeblasenem und unfruchtbarem Wissen gefällt, nicht sowohl zum Lachen wie zum Weinen, wenn man sieht, dass das Leben der Menschen nicht im Entferntesten ausdrückt, was sie verstanden haben? Trotz aller Versicherungen, das Wesentliche und Höchste begriffen zu haben, und angesichts der Virtuosität, mit der man darüber reden und lehren kann, wird deutlich, dass Verstehen und Verstehen zweierlei sind, dass nämlich jemand das Richtige sagt und also verstanden hat. Aber wenn er dann handeln soll, das Unrichtige tut, worin sich zeigt, dass er *nicht* verstanden hat.

Ist es nicht unendlich komisch, dass einer zu Tränen gerührt von dem Gedanken, wie edel es ist, sein Leben für die Wahrheit zu opfern, im nächsten Augenblick, eins zwei drei, fast noch mit den Tränen in den Augen, voll damit beschäftigt ist, mit allen Mitteln der Unwahrheit zum Sieg zu verhelfen? Oder dass ein Redner fähig ist, mit Wahrheit in Stimme und Mimik, tief ergriffen und tief ergreifend das Wahre erschütternd darzustellen, um fast im gleichen Augenblick vor der kleinsten Unannehmlichkeit feige und ängstlich davonzulaufen?

Wieder ein anderer versichert, er habe vollkommen verstanden, wie Christus herumgelaufen sei, arm, verachtet, verspottet, angespuckt. Und dann sieht man denselben Menschen fürsorglich seine Zuflucht dahin nehmen, wo es ihm weltlich gut geht, um sich dort auf das Sicherste einzurichten und ängstlich, als gelte es das Leben, vor jedem ungünstigen Windhauch von rechts oder links zu schützen. Wenn man dann noch mitbekommt, wie glücklich er ist, ja, um die Sache komplett zu machen, wie kreuzfidel, dass er sogar Gott gerührt dafür dankt, dass er so wunderbar versorgt und von allen, allen geehrt und angesehen ist, muss man da nicht zu Sokrates sagen: „Verstehen und Verstehen sind doch wohl zweierlei"?

Die sokratische Definition von Sünde argumentiert: Wenn jemand nicht das Rechte tut, dann hat er es auch nicht verstanden. Sein Verstehen war nur Einbildung. Denn hätte er es in Wahrheit verstanden, dann würde ihn das bald veranlassen, das Rechte auch zu tun. Ergo ist Sünde Unwissenheit.

Bei dieser Definition bleibt die Frage offen: Wo steckt dann die Misslichkeit der Sünde?

Die Misslichkeit der Sünde

steckt – christlich verstanden – im Übergang, in diesem winzig kleinen Übergang vom Verstehen zum Tun. Denn wenn jemand das Rechte erkennt, heißt das noch nicht, dass es ihm auch gefällt. Und wenn es ihm nicht gefällt, zögert er, seiner Erkenntnis entsprechend zu handeln. Nicht, dass er nun das Gegenteil dessen tut, was er verstanden hat. So weit geht er nicht. Doch er lässt sich Zeit. Es kommt zu einem Interim. In dieser Zeitspanne wird seine Erkenntnis dunkler und dunkler, und das Niedere siegt mehr und mehr, denn, ach, das Gute muss sofort getan werden, sowie es erkannt worden ist. Wenn nämlich die Erkenntnis erst einmal genügend verdunkelt ist, beginnen sich Erkenntnis und Wille zu verständigen. Am Ende sind sie sich völlig einig.

Die Erkenntnis ist auf der Seite des Willens und findet, dass es doch ganz richtig sein wird, wie der Wille es will.

Müssen wir, wenn das geschieht, jetzt nicht immer noch sagen: Da zeigt sich doch, dass ein solcher Mensch das Rechte nicht verstanden hat? – Ganz richtig. Und weiter kann kein Mensch kommen. Niemand kann, gerade weil er sich in der Sünde befindet, von sich selbst aus sagen, was Sünde ist. All sein Reden von der Sünde ist nur Beschönigung, Entschuldigung, sündige Milderung der Sünde.

Sünde bedarf einer Offenbarung. – Sokrates erklärt, wie wir sahen, dass derjenige, der das Rechte nicht tut, es auch nicht verstanden habe.

Das Christentum geht jedoch etwas weiter zurück und sieht die Erklärung darin, dass dieser Mensch das Rechte nicht verstehen *will*, was wieder nichts anderes bedeutet, als dass er das Rechte nicht will. Und es sieht darin, das Unrechte zu tun, obgleich man das Rechte versteht, den eigentlichen Trotz.

Christlich gesehen liegt die Sünde also im Willen, nicht in der Erkenntnis. Wobei die Verderbtheit des Willens mit der ganzen Menschheit zu tun hat und nicht allein mit dem Einzelnen.

Die christliche Lehre von der Sünde ist somit lauter Anwurf gegen den Menschen, eine Anschuldigung nach der anderen, die sich das Göttliche gegen den Menschen zu erheben erlaubt. Ist das zu begreifen? – Nein. Begreifen, das ist die Dimension des Menschen im Verhältnis zum Menschen. Was hier weiterhilft, ist Glauben. Glauben ist das Verhältnis des Menschen zum Göttlichen. – Aber wie wird dem Menschen nun das, was nicht begriffen, sondern nur geglaubt werden kann, erklärt? Ganz konsequent und auf eine ebenso unbegreifliche Weise dadurch, dass es ihm offenbart wird.

Der natürliche Mensch wendet vielleicht ein: Wenn schon Offenbarung nötig ist, dann soll sie uns über das Himmlische aufklären. Dass eine Offenbarung erforderlich wäre, um mir zu zeigen, was Sünde ist, das ist völlig unvernünftig. Ich bezeichne mich nicht als einen vollkommenen Menschen, durchaus nicht. Ich bin zu dem Eingeständnis bereit, wie weit ich von der Vollkommenheit entfernt bin. Sollte ich da nicht wissen, was Sünde ist? Das Christentum antwortet: Nein, wie weit du von der Vollkommenheit entfernt bist und was Sünde ist, das weißt du nicht.

In diesem Sinne ist Sünde, christlich verstanden, allerdings Unwissenheit, Unwissenheit darüber, was Sünde ist. Und deshalb müssen wir die Definition, die im vorherigen Kapitel gegeben wurde, vervollständigen. Sünde ist: Vor Gott verzweifelt *nicht* man selbst oder verzweifelt [absolut] man selbst sein wollen, *nachdem* man durch eine Offenbarung von Gott darüber aufgeklärt wurde, was Sünde ist.

Sünde ist nicht Negation, sondern Position

Sünde als etwas lediglich Negatives, Fehlendes, als Unwissenheit, Schwäche usw. anzusehen, hält die orthodoxe christliche Dogmatik zu Recht für pantheistisch. Hier muss das Fadenende befestigt werden, denn bei einer nur negativen Bestimmung von Sünde wird das gesamte Christentum haltlos.

Eine neuere spekulative Dogmatik besteht ebenfalls darauf, die Sünde sei keinesfalls lediglich Negation. Indem sie sich aber darin erschöpft, das zu beteuern, und Sünde gleichzeitig in den Rahmen dessen stellt, was man begreifen kann, verkleinert sie die Bedeutung der Sünde. Zwar stimmt, dass die Sünde nicht Negation, sondern Position ist, aber nicht so, als ob das zu begreifen wäre. Es ist kein Verdienst, begreifen zu wollen, was nicht begriffen, sondern nur geglaubt werden soll.

Man kann in Hinsicht auf das Christentum nur glauben oder Ärgernis nehmen. Wenn der König eines Landes auf die Idee käme, ganz inkognito sein zu wollen und auf jede Huldigung zu verzichten, wie geht man dann am besten mit ihm um? Huldigt man ihm, indem man sich an sein Gebot hält oder indem man es übertritt?

Mögen andere denjenigen bewundern, der sich den Anschein gibt, er könne das Christliche begreifen. Ich sehe es geradezu als Aufgabe an, die vielleicht gar nicht wenig Selbstverleugnung fordert, einzugestehen, dass man es weder begreifen kann noch soll.

Was das Christentum im Verhältnis zum Christlichen braucht, ist ein wenig sokratische Unwissenheit. Die sokratische Unwissenheit ist nämlich das an Gottesfurcht und Gottesverehrung auf Griechisch, was auf Jüdisch lautete: „Die Furcht des Herrn ist der Weisheit Anfang". Sokrates war gerade aus Ehrfurcht vor der Gottheit unwissend, so dass er, soweit ein Heide es konnte, als Richter Wache hielt an der Grenzscheide zwischen Gott und Mensch, damit die Tiefe des Qualitätsunterschiedes zwischen beiden

sichergestellt war. In diesem Sinne „unwissend", war Sokrates der am meisten Wissende.
Bei der Darstellung der Verzweiflung im ersten Teil wurde eine ständige Steigerung nachgewiesen, zum einen eine Steigerung des Bewusstseins davon, dass man ein Selbst hat, zum anderen der Umschwung vom Erleiden zur bewussten Handlung. Beides zusammen war Zeichen dafür, dass die Verzweiflung nicht von außen, sondern von innen kommt. Gemäß der hier aufgestellten Definition von Sünde kommt nun zu den bisherigen Begriffsbestimmungen hinzu, dass ein Selbst, das durch die Vorstellung von Gott unendlich geworden ist, auch über das größtmögliche Bewusstsein von Sünde als einer Position vor Gott verfügt.

Hier nun kann man wieder Ärgernis nehmen. Denn hier arbeitet sich das Christentum auf eine paradoxe Weise selbst entgegen. Erst gibt es der Sünde eine so feste Bedeutung, dass es vollkommen unmöglich ist, sie zu ignorieren oder gar loszuwerden. Und dann ist es gerade wieder das Christentum, das durch die Versöhnung die Sünde so vollkommen verschwinden lässt, dass es aussieht, als sei sie im Meer ertrunken [vgl. Micha 7,19].
Die theologische Spekulation, die sich aus diesem Paradoxon herauszureden versucht, steckt an beiden Stellen ein wenig zurück, dann gelingt ihr das eher. Sie macht die Sünde einerseits nicht gar so schlimm, andererseits will es ihr nicht in den Kopf, dass die Sünde so ganz und gar vergessen und getilgt sein soll.

Wie selten oder häufig ist denn die Sünde?

Im Teil I wurde darauf aufmerksam gemacht, dass die Verzweiflung umso seltener in der Welt vorkommt, je intensiver sie ist. Muss nun die Sünde, die ja noch weiter intensivierte Verzweiflung ist, nicht *ganz* selten sein?

Dass sich ein Mensch seiner Verzweiflung nicht bewusst ist, heißt ja wie dargelegt nicht, dass er nicht verzweifelt ist. Im Gegenteil, man kann davon ausgehen, dass die meisten, die aller-, allermeisten Menschen verzweifelt sind, wenn auch in einem niedrigeren Grad. Dabei ist es natürlich kein Verdienst, in einem höheren Grade verzweifelt zu sein. Nein, die intensivere Verzweiflung ist von der Erlösung noch weiter entfernt als die niedrige. Und so ist es auch mit der Sünde.

Ein Sünder zu sein ist alles andere als etwas Verdienstvolles. Doch andererseits, was ist ein Leben wert, das derart von Trivialität und bloßem Nachäffen anderer bestimmt ist, dass man es kaum als Leben bezeichnen kann, ein Leben, das zu geistlos ist, als dass von Sünde die Rede sein könnte? Sondern nur von Lauheit, die – wie die Schrift sagt – des Ausspeiens wert ist [Off 3,16]?

Ja, das Leben der meisten Menschen ist zu geistlos – sowohl für die Verzweiflung als auch für die Sünde.

Das Erhebende am Christentum wird dem Geistlosen vergebens nahegebracht. Es ist, wie wenn man, um diese Erhebung zu vollbringen, auf einem Sumpf- und Moorboden einen Hebebaum ansetzen wollte.

Mit der Geistlosigkeit fehlt dem Menschen der Grund und Boden zum Verständnis für das Erhebende am Christentum. – Ist das nun etwas, was einem Menschen unschuldig zustößt? – Nein. Kein Mensch wird geistlos geboren. Und wenn noch so viele am Ende, wenn sie sterben, die Geistlosigkeit als die einzige Ausbeute ihres Lebens vorweisen: Das Leben ist daran nicht schuld.

Christen gibt es viele. Pfarrer gibt es genug, viel mehr als man befördern kann. Wahre Dichter sind selten. Bei einem Dichter ist von Berufung die Rede. Um Pfarrer zu werden, reicht es nach Vorstellung der meisten Menschen, ein Examen zu haben. Und doch ist ein wahrer Pfarrer etwas noch Selteneres als ein wahrer Dichter. Dabei hat das Pfarrersein in den Augen der meisten Menschen, also der Christen, jede erhebende Vorstellung eingebüßt, es ist fast ein Gewerbe wie jedes andere. Und das Unglück für die Christenheit besteht nicht darin, dass das Christliche nicht gepredigt wird, sondern dass es in einer Weise gepredigt wird, dass sich die Menge der Menschen am Ende gar nichts mehr dabei denkt, so dass das Höchste und Heiligste wie etwas klingt, das nun einmal, wie vieles andere auch, nur Brauch und Sitte geworden ist. – Kein Wunder, das man beginnt, das Christentum zu verteidigen!

Ist demgegenüber ein wirklich Gläubiger, ob Pfarrer oder einfacher Christ, nicht eher wie ein Verliebter, was seine Begeisterung betrifft? Einem Verliebten würde nicht einfallen, mit drei Gründen zu beweisen, dass am Verliebtsein doch etwas dran ist.

Genauso, nur noch absurder ist es, wenn der Pfarrer mit drei Gründen nachzuweisen versucht, dass Beten eine Seligkeit ist, die jeglichen Verstand übersteigt. Wenn etwas jeglichen Verstand übersteigt, beweist man es dann mit Gründen, die im Bereich des Verstandes liegen? Einen Verliebten, der mit drei Gründen versuchte, seine Verliebtheit zu begründen, würde man verdächtigen, er habe niemals gewusst, was Verliebtheit ist.

Die Tatsache, dass der Verliebte verliebt ist, sagt viel mehr aus, als alle Gründe zusammen. Über das Christentum jedoch wird geredet, als müsse man es verteidigen oder Gründe nennen, um es zu begreifen. Und wenn es so zugeht, dann hält man das schon für eine große Sache. – Deshalb ist die Christenheit so weit davon entfernt, Christenheit zu sein. Und deshalb ist das Leben der meisten Menschen, christlich verstanden, sogar zu geistlos, um Sünde genannt zu werden.

Das Verbleiben im Zustand der Sünde

ist neue Sünde. Eine solche Aussage erscheint dem Sünder übertrieben. Nein, nur jede zusätzliche neue Sünde, die will er als Sünde anerkennen. Doch die Ewigkeit, die sein Konto führt, muss auch das Verbleiben im Zustand der Sünde als Sünde verbuchen. Denn sie hat nur zwei Rubriken: „Was nicht aus Glauben geht, ist Sünde" [Rö 14,23].

Bei einer Geldschuld verhält sich die Sache anders. Eine Geldschuld wächst nicht so ohne weiteres nur dadurch, dass sie nicht beglichen wird. Aber die Sünde wächst in jedem Augenblick, in dem man nicht aus ihr herauskommt. „Sündigen ist menschlich, doch in der Sünde verharren ist teuflisch", sagt sogar das Sprichwort. Ja, das Verharren in der Sünde ist im tiefsten Sinn d i e Sünde, und die einzelnen neuen Sünden zeigen nur an, dass man im Zustand der Sünde geblieben ist.

Die Sünde hat ihre eigene Konsequenz. – Die meisten Menschen reden nur vom Einzelnen, entweder von einzelnen guten Taten oder einzelnen Fehlern. Sie leben unmittelbar und wissen nichts von einer Konsequenz, weder von der des Guten, noch von der des Bösen. Wer dagegen unter der Bestimmung „Geist" existiert, hat, auch wenn dies nur auf eigene Rechnung und Verantwortung ist, Sinn und Ziel in einem Höheren, zumindest in einer Idee. Ein solcher Mensch empfindet eine unendliche Furcht vor jeder Inkonsequenz, denn er hat eine Vorstellung davon, was daraus folgen kann: Er könnte aus dem Absoluten, in dem er sein Leben hat, herausgerissen werden. Jede kleinste Inkonsequenz wäre ein ungeheurer Verlust für ihn, denn sie gefährdet den geheimnisvollen Zusammenhalt seines Lebens.

Alles wird zum Chaos und zur Qual, wenn er die Übereinstimmung mit sich selbst verliert, wenn seine inneren Kräfte in Aufruhr geraten und gegeneinander kämpfen, wenn die ungeheure innere Maschinerie, die in ihrer Konsequenz trotz ihrer Stärke so gefügig, trotz ihrer Kraft so geschmeidig ist, in Unordnung gerät. Und je grandioser sie war, desto schrecklicher der Wirrwarr, der dann entsteht.

Ja, der Glaubende, der sich Schritt für Schritt und völlig sicher in der Konsequenz des Guten vorwärtsbewegt, empfindet selbst vor der kleinsten Sünde unendliche Furcht, weil er unendlich viel zu verlieren hat. Demgegenüber haben die Unmittelbaren, die Kindlichen oder Kindischen nichts derart Absolutes zu verlieren. Sie verlieren oder gewinnen stets nur einzelnes.

Ähnlich wie dem Glaubenden jedoch geht es dem, der das Gegenstück zum Glaubenden bildet, dem, der unter dämonischer Führung in der Konsequenz der Sünde durchs Leben treibt. Er verhält sich wie ein Trinker, der ständig, Tag für Tag, seinen Rausch aufrechterhält – aus Furcht vor jenem Abbruch, jener Mattheit, die eintreten könnte, wenn er eines Tages ganz nüchtern würde. Und ganz so wie jener, der unter der Bestimmung „Geist" lebt, einen Menschen abweist, der ihn zur Sünde verführen will, weist der von der Sünde Geleitete den ab, der ihm das Rechte darstellen will. Auch er bittet: „Komm, hör auf damit, mach mich nicht schwach."

Weil er konsequent in sich und in der Konsequenz des Bösen ist, hat auch er etwas Absolutes zu verlieren. Ein einziger Augenblick außerhalb dieser Konsequenz, ein einziger Seitenblick auf den rechten Weg könnte bewirken, dass er sein Leben – oder einen Teil davon – plötzlich mit ganz anderen Augen sähe. Und er befürchtet, danach vielleicht nie mehr er selbst sein zu können. Das Gute, denkt er, hat er aufgegeben. Es konnte ihm ja doch nicht helfen, aber jetzt könnte es ihn stören. Es könnte ihm den vollen Schwung der Konsequenz nehmen, könnte ihn schwach machen. Nur in der beständigen Fortsetzung der Sünde ist er er selbst. Und nur in ihr lebt er, hat er ein Empfinden darüber, er selbst zu sein.

Was will dies besagen? Es will besagen, dass der Zustand in der Sünde dasjenige ist, was ihn tief unten, wohin er gesunken ist, zusammenhält. Was ihm also „hilft" auf diesem Weg, ist nicht die einzelne neue Sünde, sondern ihm hilft, in Sünde zu bleiben.

Jene Sünde, über seine Sünde zu verzweifeln

Sünde, wie wir sahen, ist Verzweiflung. Und die Steigerung, die Potenzierung, ist, über diese Verzweiflung zu verzweifeln. Steigerung von Sünde ist, wie wir sahen, nicht, dass einer, der bereits 100 Taler gestohlen hat, nun 1000 Taler stiehlt. Nein, nicht von zusätzlichen einzelnen Sünden ist hier die Rede, sondern vom Zustand der Sünde, der sich potenziert zu einem neuen Bewusstsein: über seine Sünde zu verzweifeln.

Die Sünde ist jetzt in sich selbst so konsequent geworden, dass sie nur noch auf sich selbst hören und sich nicht – nicht einmal hin und wieder – auf andere Gedanken bringen lassen will. Nein, ganz konsequent will sie sich jetzt vor jedem Überfall oder jeder Nachstellung des Guten schützen.

Diese Steigerung im Verhältnis zwischen Sünde und Verzweiflung über die Sünde könnte man so zusammenfasssen: Zuerst kommt in der Sünde der Bruch mit dem Guten. Und danach, in der Verzweiflung über die Sünde, kommt der Bruch mit der Reue. War bereits die Sünde selbst ein Sich-losreißen vom Guten, so ist die Verzweiflung darüber ein erneutes Sich-losreißen. Nun hat man alle Brücken hinter sich abgebrochen.

Ein solches Verhalten bringt natürlich die äußersten Kräfte des Dämonischen ins Spiel und bedeutet, dass konsequent alles, was Reue oder Gnade heißt, nicht bloß als leer und nichtssagend angesehen wird, sondern als das, wogegen man sich am allermeisten wehren muss, ganz so, wie sich jemand normalerweise gegen die Versuchung zum Bösen wehrt.

So ist auch die Replik in Goethes Faust zu verstehen, dass es nichts Abgeschmackteres gäbe, als einen Teufel, der verzweifelt; womit ein Teufel gemeint ist, der so schwach werden könnte, dass er womöglich etwas von Reue oder Gnade hören wollte.

Der in seiner Verzweiflung derart Fortgeschrittene sinkt unaufhörlich, und das, während er selbst zu steigen glaubt. Er wirft immer mehr des Guten weg und glaubt, wie ein aufsteigender Gasballon, aus dem man Ballast rauswirft, weiter und weiter zu steigen. Doch das, wodurch er sich oben zu halten versucht, der Entschluss, ein für alle Mal nichts mehr von Reue und Gnade hören zu wollen, ist genau das, wodurch er immer tiefer sinkt und was der Sünde immer mehr Macht gewährt. Gleichzeitig ist sich ein solcher Mensch seiner inneren Leere bewusst. Mit dem Verlust der Gnade hat er auch das Verhältnis zum eigenen Selbst verloren.

Nicht selten versucht sich diese Art Verzweiflung den Anschein zu geben, dass der Mensch eine tiefe Natur ist und sich deshalb die Sünde so sehr zu Herzen nimmt. Wenn zum Beispiel ein Mensch, der zuerst einer Sünde verfallen war, dann aber Herr darüber werden konnte, nun einen Rückfall erlebt, kann ihn dieser Rückfall geradezu zur Verzweiflung bringen. Scheinbar fromm sagt er: „Das kann ich mir niemals verzeihen." Wird man diesem dann nicht antworten: „Wenn Gott dir doch verzeihen möchte, könntest du dann nicht die Güte haben, es dir selbst zu verzeihen?"

An diesem Beispiel sieht man, dass eine solche Haltung geradezu das Gegenteil von Reue und weit davon entfernt ist, Ausdruck des Guten zu sein. Und so wird die Sünde nicht getilgt, sondern vertieft.

In den alten christlichen Trost- und Erbauungsschriften kann man lesen, dass Gott es manchmal zulässt, dass der Gläubige stolpert, weil ihn gerade das demütig machen und so im Guten befestigen könne. Aber wie gefährlich ist es, wenn der Mensch hier die Wendung nicht richtig nimmt, wobei schon das kleinste bisschen Ungeduld gegenüber sich selbst oder der eigenen Sünde die Umkehr in die falsche Richtung bringt.

Die Sünde, an der Vergebung der Sünde zu verzweifeln

Wir wollen uns erinnern: Im Teil I ging es zunächst um die Unwissenheit darüber, ein ewiges Selbst zu haben, dann um das Wissen davon, dass man ein Selbst besitzt, in dem Ewigkeit ist. Anschließend (im Übergang zum Teil II) wurde auf den Unterschied hingewiesen, der im Maßstab liegt. Im ersten Fall war der Maßstab ein rein menschlicher, und im zweiten Fall ging es um das Selbst *vor Gott*. Und diese letztere Unterscheidung wurde der Definition von Sünde zugrundegelegt, wobei wieder unterschieden wurde, dass das Selbst, das ein Selbst vor *Gott* ist, im Falle von Verzweiflung entweder verzweifelt nicht es selbst oder umgekehrt, verzweifelt es selbst sein will.

Die Verzweiflung an der Vergebung der Sünden, von der jetzt die Rede sein soll, muss daher entweder auf die eine oder auf die andere dieser beiden Formen von Verzweiflung zurückzuführen sein.

Unter dem Gesichtspunkt Sünde kehren sich hier nun die Beziehungen um. War es nach der ersten Definition Schwäche, verzweifelt nicht man selbst sein zu wollen, dann ist dies jetzt nicht Schwäche, sondern Trotz. Trotz, weil man das, was man ist, nämlich Sünder, nicht sein will [nicht wahrhaben will]. Das hat zur Folge, auch auf die Vergebung der Sünde zu verzichten.

Was dagegen nach unserer ersten Definition Trotz war, verzweifelt man selbst sein wollen, ist unter dem Gesichtspunkt von Sünde Schwäche, die Schwäche, sich für einen Sünder zu halten, für den alles zu spät ist, für den es keine Vergebung gibt.

Sünde ist Verzweiflung, und die Potenzierung ist Verzweiflung über die Sünde. Doch Gott, der den Sünder liebt, bietet den Ausgleich in der Vergebung der Sünden an. Aber der Sünder glaubt nicht, sondern verzweifelt, was seine Sünde vertieft.

Ein Selbst ist, wie wir sahen, qualitativ das, was sein Maßstab ist. Wenn Christus der Maßstab ist, ist dies der von Gott beglaubigte Ausdruck dafür, welche unendliche Realität ein Selbst hat. Denn das Selbst vor Christus ist unendlich gewürdigt durch das Zugeständnis Gottes, dass Gott diesem Selbst zuliebe in die Welt kam, Mensch wurde, litt und starb.

Seit man das Ethische, das von Gott gesprochene *Du sollst*, abzuschaffen versuchte, ist große Konfusion in das christliche Glaubensleben gekommen.

Im Heidentum hat man den Namen Gottes noch mit einer gewissen Scheu und Feierlichkeit ausgesprochen, während im Christentum *Gott* wohl das Wort ist, das im täglichen Sprachgebrauch am häufigsten vorkommt und bei dem man sich am wenigsten denkt. Und der arme, offenbar gewordene Gott, der so unvorsichtig war, sich nicht versteckt zu halten, wie es die Vornehmheit sonst immer zu tun pflegt, ist zu einer bei der ganzen Bevölkerung nur allzu bekannten Person geworden, der zuliebe man sich allenfalls herablässt, hin und wieder zur Kirche zu gehen.

Früher hieß es kurz und bündig: Du sollst glauben. Und das so nüchtern wie möglich. Während es jetzt als genial gilt und als Zeichen für eine tiefe Natur, es nicht zu können. Du sollst an die Vergebung der

Sünden glauben, hieß es. Und was man soll, das kann man. Jetzt gilt es als genial und als ein Zeichen für eine tiefe Natur, nicht glauben zu können.

Der Heide, der ja nicht weiß, dass er, wenn er sündigt, vor Gott sündigt, kann nicht weiter gelangen, als über seine Sünde zu verzweifeln. Und man müsste ihn loben, dass er es bis dahin gebracht hat, nicht über die Welt oder sich im Allgemeinen, sondern über seine Sünde zu verzweifeln. Dazu gehören, menschlich gesprochen, bereits persönliche Tiefe und irdisches Wissen. Weiter kann kein Mensch, sofern er Mensch ist, gelangen. Und selten genug ist jemand so weit gekommen. Doch christlich ist alles anders, denn: Du sollst an die Vergebung der Sünden glauben.

Gott sieht den Einzelnen

Der Ernst der Lehre von der Sündenvergebung liegt nicht in der Sünde allgemein, sondern er liegt darin, dass der Einzelne ein Sünder ist. Und vor Gott bin ich immer ein Einzelner.

Es ist leichtfertig und eine neue Sünde, wollte man so tun, als wäre es nichts Besonderes, ein einzelner Sünder zu sein, und das vor allem dann, wenn man selbst dieser einzelne Sünder ist. Hier schlägt das Christentum zu. Es schlägt ein Kreuz vor die bloße Spekulation und das Reden im Allgemeinen. Nein, der Ernst der Sünde liegt in ihrer Wirklichkeit für den Einzelnen, ob das nun du bist oder ich es bin. Das Wesen der Sünde ist der Spekulation über die Sünde genau entgegengesetzt. Will man spekulativ vom Einzelnen absehen, dann kann man über den Begriff Sünde nur leichtfertig reden.

Bei den Tieren ist das Exemplar stets weniger als die Art, anders beim Menschen, wo der Einzelne zählt. Vor Gott und in Christus existieren nur einzelne Menschen: Sünder. Darauf hatte man theologisch nicht Acht, und dann ließ man das „gefallene Menschengeschlecht" ein für alle Mal wieder geläutert sein durch Christus.

Aber ist das nicht ein Vorwand, der die Menschen nur frech macht? Denn wenn der Einzelne durch ein Abstraktum zu dieser Herrlichkeit gelangen soll, dann wird die Sache überaus leicht und der Einzelne bekommt nicht die ganze Verantwortung, die er vor Gott doch hat. Er bildet sich ein, alles ohne weiteres zu haben, weil er an jenem Abstraktum partizipiert.

Natürlich kann Gott auch das Ganze gut bewältigen, aber für den Einzelnen ist vor allem interessant, dass er sich auch um ihn, sogar um den Sperling kümmern kann. Gott hat keine Verallgemeinerungen nötig. Vor ihm liegt das Einzelne in seiner Bedeutung nicht unter einem Begriff verborgen. Er begreift die gesamte Wirklichkeit in jeder Einzelheit.

Die Lehre von der Sünde, dass du und ich Sünder sind, eine Lehre, welche aus uns Einzelne macht, befestigt den Qualitätsunterschied zwischen Gott und Mensch so tief, wie er noch niemals befestigt wurde. Denn die Sünde ist ja vor Gott. Und ein Mensch unterscheidet sich von Gott in nichts so wie darin, dass er, wie jeder Mensch, ein Sünder ist. In der Sünde ist der Mensch durch den tiefsten Abgrund von Gott getrennt. Und Gott, wenn er Sünden vergibt, ist umgekehrt durch denselben klaffenden Abstand der

Qualität vom Menschen getrennt. – Hier nun liegt die äußerste Konzentration des Ärgernisses.

Das Grundunglück der Christenheit besteht darin, dass die Lehre vom Gottmenschen durch ständiges Predigen missbraucht wird und dass der Qualitätsunterschied zwischen Gott und Mensch nahezu aufgehoben scheint. Aber niemals hat sich irgendeine Lehre gerade davor so geschützt wie das Christentum es durch das Ärgernis tut. Indem es mit der Lehre von der Sünde beginnt, hat es sich von Anfang an gegen den Missbrauch durch Stolz abgesichert.

In der Lehre von der Sünde konzentriert sich alles, was Himmel und Erde an Möglichkeit des Ärgernisses auftreiben können, und verlangt von jedem Einzelnen: Du sollst glauben. Was bedeutet: Du sollst entweder Ärgernis nehmen oder glauben. Weiter kein Wort. Weiter ist nichts hinzuzufügen. Jetzt habe ich gesprochen, sagt Gott im Himmel. Und in der Ewigkeit sprechen wir uns wieder.

Das endgültige Gericht steht uns noch bevor. Aber wie ernst muss man das denn nehmen, wenn es doch so viele Schuldige gibt wie bei einer Meuterei auf einem Schiff? Wird Gott da nicht auf die Strafe verzichten müssen? Wenn es doch um das ganze Volk geht, das hochgeehrte, gebildete Zeitungsleser-Publikum? Das Verhalten der Vielen ist doch sicher nicht bloß kein Verbrechen, sondern Gottes Wille. Und um sie alle zu verurteilen, wären es bestimmt auch zu viele. Gott würde das nicht schaffen. Und den Einzelnen, wie will er den fassen?

So denkt man sich Gott, dass er, wie ein gewöhnlicher Bezirks- oder Bundesrichter eine so weitläufige Sache nicht überschauen kann. Und man beschließt: Lasst uns nur alle zusammenhalten und uns absichern und dafür sorgen, dass möglichst auch die Pfarrer auf diese Weise predigen: Was die Vielen tun, ist Gottes Wille.

Mit Hilfe dieser Weisheit wurde bisher noch jedem geholfen. Und dem wird sich, verflixtnochmal, auch Gott fügen müssen.

Nein, man kann die Leute auf vielerlei Weise wie Vieh behandeln, aber wie Vieh richten kann man sie nicht. Vieh kann man nicht verurteilen. Verurteilt wird immer der Einzelne. Und in der Ewigkeit wird man nicht sagen können: Es haben alle so gehandelt, das war unser Schutz, der uns vor dem Gericht der Ewigkeit schützen sollte. – Ja freilich, wenn sie erst in der Ewigkeit zu Einzelnen würden, dann könnte das die Menschen schützen. Aber vor Gott waren und sind sie ständig Einzelne. Selbst in einem Glaskasten wäre man nicht so offenbar wie vor Gott, der jeden Einzelnen ständig sieht.

Mit Hilfe des Gewissens wird jede Schuld unmittelbar von der Anzeige begleitet. Mit jeder Schuld verbindet sich sogleich die Meldung der Schuld, die der Schuldige selber schreibt. Weil aber unsichtbare Geheimtinte dazu benutzt wird, ist die Schrift erst in der Ewigkeit gegen das Licht gehalten recht deutlich.

Dem Schuldigen, der sich auf der Reise zur Ewigkeit befindet, geht es wie jenem Mörder, der mit der Eisenbahn vom Tatort floh. Gerade unter dem Wagen, in dem er saß, lief der elektromagnetische Telegraf mit seinem Signalelement und dem Befehl, ihn auf der ersten Station festzunehmen. Und als er ankam und ausstieg, wurde er arrestiert. Er hatte gewissermaßen die Anzeige selbst mitgebracht.

Verzweiflung an der Vergebung der Sünden bedeutet: Ärgernisnehmen. Ärgernisnehmen aber ist die Potenzierung der Sünde. Dass dies so ist oder so sein könnte, daran denkt man im Allgemeinen überhaupt nicht. Man zählt das Ärgernis gewöhnlich nicht zur Sünde, sondern listet Sünden auf, unter denen das Ärgernis keinen Platz hat. Erst recht fasst man das Ärgernis nicht als Potenzierung der Sünde auf. Der Grund dafür liegt darin, dass man irrtümlich den Gegensatz nicht zwischen Sünde und Glauben sieht, sondern zwischen Sünde und Tugend.

Die Entscheidung, das Christentum aufzugeben,

es für Unwahrheit zu erklären, ist Verzweiflung in höchster Potenz. – Die Taktik verändert sich jetzt. In der Sünde (der einfachen Verzweiflung) sowie in der Verzweiflung über die Sünde (der potenzierten Verzweiflung) wurde noch ausweichend gekämpft. Ständig zurückweichend verschanzte sich das Selbst.
Auf der nächsten Verzweiflungsstufe, auf der der Mensch an der Vergebung der Sünde verzweifelte, bestand bereits eine bestimmte negative Position zu einem Angebot Gottes. Schon hier änderte sich die Taktik. Der Mensch war nicht mehr nur defensiv.

Das heißt, die Sünde wurde jetzt immer entschiedener sie selbst. Dennoch machte sie dem Gegner Gott noch in gewisser Weise das Zugeständnis, dass er der Stärkere ist. Jetzt jedoch, wenn man dazu übergeht, das Christentum als Unwahrheit auszugeben und aufzugeben, ist der Krieg ganz offensiv geworden.

Die Lehre des Christentums ist die Lehre vom Gottmenschen. Das bedeutet Verwandtschaft zwischen Gott und Mensch. Doch wohlgemerkt in einer Weise, dass die Möglichkeit des Ärgernisses, wenn ich so sagen darf, jene Garantie ist, mit der Gott sich davor schützt, dass ihm der Mensch zu nahe kommt. Diese Möglichkeit darf vom Christlichen nicht entfernt werden, sonst wird das Christentum etwas Phantastisches, so phantastisch, dass das Heidentum es mit Recht für Unsinn erklären könnte. Gott und Mensch sind zwei Qualitäten mit unendlichem Qualitätsunterschied. Jede Lehre, die diesen Unterschied übersieht, ist menschlich gesprochen Unsinn, göttlich verstanden Blasphemie.

Aus Liebe wird Gott Mensch. Er nimmt die Gestalt eines Dieners an, er stellt sich dar als ein geringer Mensch, damit kein Mensch glauben soll, er sei ausgeschlossen. Schau her, sagt er, und überzeuge dich, was es bedeutet, Mensch zu sein. Aber nimm dich in Acht, denn ich bin gleichzeitig Gott. Oder umgekehrt: Der Vater und ich sind eins. Zwar bin ich arm, verlassen, in die Gewalt der Menschen gegeben. Doch ich, dieser geringe Mensch, bin derjenige, der bewirkt, dass die Tauben hören, die Blinden sehen, die Lahmen gehen, die Aussätzigen rein werden, die Toten auferstehen. Selig der, der nicht Ärgernis nimmt an mir.

Um jene Art des Ärgernisses, von dem hier die Rede ist, die das Christentum für Unwahrheit und Jesus Christus für nicht existent erklärt, noch deutlicher zu machen, wird es am besten sein, die verschiedenen Formen von Ärgernis aufzuzählen.

Die niedrigste Form ist die – menschlich gesprochen – unschuldigste. Sie besteht darin, die ganze Frage nach Jesus Christus dahingestellt sein zu lassen, indem man sagt: Ich erlaube mir darüber kein Urteil, ich glaube nicht, doch ich verurteile auch nicht. Auf diese Weise indifferent zu bleiben, ist Ärgernis, sofern uns das Christliche verkündigt wurde. Wenn Gott sich gebären lässt und Mensch wird, leidet und stirbt um des Menschen willen, dann ist das kein sinnloser Einfall von ihm, keine Kuriosität, die man ignorieren könnte. „Ich habe dazu keine Meinung", ist die Ausdrucksweise dessen, der vornehm etwas übersieht. Und das tut der Betreffende dann mit Gott.

Die nächste Form von Ärgernis ist die desjenigen, der sich passiv verhält. Er spürt, dass er Jesus Christus nicht zu ignorieren vermag, dass er die ganze Sache nicht dahingestellt sein lassen kann, um unabhängig davon zur Tagesordnung überzugehen. Doch glauben kann er auch nicht. In seiner Unentschiedenheit drückt er das aus, was ein unglücklich Liebender im Verhältnis zur Liebe tut: Er erkennt an, dass am Christentum etwas dran sein muss. Doch vertrauen und mitgehen kann er nicht.

Die dritte und letzte Form von Ärgernis erklärt das Christentum aktiv für Unwahrheit und Lüge. Sie leugnet Christus, dass es ihn gegeben hätte oder dass er derjenige ist, der er sagte zu sein. Das geschieht entweder in der Form, dass Christus in eine Mythologie verwandelt wird, die keinen Anspruch auf Wirklichkeit erheben kann, oder umgekehrt, dass er so menschlich war, dass er keinen Anspruch darauf erheben kann, göttlich zu sein. Das Paradox des Gottmenschen wird in beiden Fällen geleugnet. Und mit ihr alles Christliche, die Sünde, die Vergebung der Sünden usw. Diese Position macht Christus zu einer Erfindung des Teufels und ist „Sünde wider den Heiligen Geist". Auf diese Weise Ärgernis zu nehmen ist die höchste Potenzierung der Sünde, was häufig deshalb übersehen wird, weil man den Gegensatz zur Sünde in der Tugend vermutet und nicht im Glauben. Demgegenüber wurde dieser Gegensatz in der vorliegenden Schrift immer wieder betont, so auch gleich zu Beginn, wo die Formel für jenen Zustand aufgestellt wurde, in dem es überhaupt keine Verzweiflung gibt:

Indem sich das Selbst zu sich selbst stellt, und indem es es selbst sein will, gründet es durchsichtig in der Macht, die es setzte.

Diese Formel wiederum ist, woran mehrfach erinnert wurde, die Definition von Glauben.

Nachwort
zu Person und Leben Sören Kierkegaards
von Helmuth Vetter

Am 31. März 1855 veröffentlichte Sören Kierkegaard in der Zeitschrift *Das Vaterland* unter der Überschrift *Was ich will* einen Artikel mit folgender programmatischer Einleitung:

„*Ganz einfach, ich will Redlichkeit, ich bin nicht, wie man wohl meint – denn auf die Auffassung der Erbitterung und der Wut und der Ohnmacht und des Geschwätzes kann ich keine Rücksicht nehmen – und wie man mich hat hinstellen wollen, ich bin nicht christliche Strenge gegenüber einer gegebenen christlichen Milde, auf keine Weise. Ich bin weder Milde noch Strenge – ich bin: menschliche Redlichkeit. Ich will, dass man die Abmilderung, die das gewöhnliche Christentum hierzulande ist, neben das Neue Testament halte, um zu erfahren, wie diese beiden sich zueinander verhalten. Zeigt es sich dann, kann ich oder kann jemand anderes zeigen, dass die Abmilderung gegenüber dem Christentum des Neuen Testamentes bestehen kann: so werde ich mit der größten Freude darauf eingehen. Eines aber will ich nicht, um keinen, keinen Preis: Ich will nicht durch Verschweigen oder durch Kunststücke den Schein hervorzubringen suchen, dass das gewöhnliche Christentum im Lande und das Christentum des Neuen Testamentes einander glichen*" (A 48).*

---

* Abkürzungen für die Titel Sören Kierkegaards im Nachwort. Die angegebenen Seitenzahlen beziehen sich auf die deutsche Kierkegaardausgabe von Hayo Gerdes, Sören Kierkegaard, Berlin 1966 (Sammlung Göschen 1221).

A	Der Augenblick. Aufsätze und Schriften des letzten Streits
Br	Briefe
EO	Entweder/Oder
T	Die Tagebücher

Kierkegaard wollte, dass redlich unterschieden werde: zwischen der bestehenden Ordnung der Welt und der auf das Kommen des Reiches Gottes hin orientierten Ordnung des Christentums; zwischen dem Schein einer christlich gewordenen Welt und der Wahrheit einer verweltlichten Christenheit.

Daten des äußeren Lebens

Sören Aabye Kierkegaard wurde am 5. Mai 1813 in Kopenhagen geboren. Sein Vater, Michael Pedersen Kierkegaard, war ein reicher Wollhändler. Von den sieben Kindern blieb nur ein Bruder, Peter Christian, am Leben, für den Vater ein sichtbares Zeichen von Gottes Zorn, hatte er doch als Zwölfjähriger beim Schafehüten Gott verflucht, und erschien ihm die Ehe mit Anne Lund – er hatte sie, die frühere Haushälterin, kaum, dass die erste Frau gestorben war, geehelicht – als sündhaft. Seine Schwermut wurde für Sören, den Sohn, zum belastenden Erbe. Wenn dieser sein Verhältnis zum Vater immer wieder in den Tagebüchern reflektierte, so fällt umso mehr das völlige Übergehen der Mutter auf. Zweiundachtzigjährig starb der Vater 1838, nachdem er sich schon mit vierzig von seinen Geschäften zurückgezogen und fortan sein Leben religiösen Betrachtungen gewidmet hatte.

Nach einem kurzen Ausbruch aus der Gemeinschaft mit dem Vater – der Sohn erprobte so etwas wie die später von ihm in *Entweder/Oder* glänzend beschriebene Lebensart des Ästhetikers – erfuhr Sören noch vor Ende seines Studiums sein „Erdbeben", den entscheidenden Anstoß zu einem Umdenken hinsichtlich seiner Lebensaufgabe. Das Wissen um das Außerordentliche seiner Bestimmung und seine Schwermut stellten ihn bald vor die Frage, ob er dauerhafte Bindungen eingehen dürfe – er hatte sich

1840 mit der siebzehnjährigen Regine Olsen verlobt. Ohne sich selbst vom Gelöbnis zu entbinden, gab er die Verlobte im darauffolgenden Jahr frei. Zugleich beendete er sein Theologiestudium mit der Dissertation über Sokrates.

Ein Aufenthalt in Berlin, Winter 1841/42, führte ihn in Schellings Vorlesungen, zu jenem Herkules, berufen, die Hydra des Hegelianismus auszurotten, wie ein Zeitgenosse vermerkte.[1] Doch Kierkegaards Zustimmung währte nur kurz. Mit Schellings Spätphilosophie, der Lehre von der Ausdifferenzierung des Absoluten in die Potenzen,[2] vermochte er nichts anzufangen. „Ich bin zu alt, um Vorlesungen zu hören, ebenso wie Schelling zu alt ist, um sie zu halten. Seine ganze Potenzlehre bekundet die höchste Impotenz", schrieb er dem Bruder in die Heimat (Br 105).

1843 begann mit dem Erscheinen von *Entweder/ Oder* die eigentliche schriftstellerische Tätigkeit. Sie stand durchgehend im Dienste der Aufgabe, das Wesentliche des Christ*seins* gegenüber der Unwahrheit der bestehenden Christen*heit* sichtbar zu machen. Dabei zog Kierkegaard mit voller Absicht die eigene Person immer stärker in den Kampf mit dem „Bestehenden" hinein. Die Auseinandersetzung kulminierte dabei zunächst in dem 1846 entbrannten sogenannten Corsarenstreit.

Der *Corsar* war ein Wochenblatt, das es sich zur Aufgabe gesetzt hatte, Personen der Kopenhagener Gesellschaft dem öffentlichen Spott preiszugeben. Meir Aaron Goldschmidt, Gründer dieses Blattes, war auch Verfasser eines autobiographischen Romans – *Ein Jude* –, den Kierkegaard schätzte. Dem journalistischen Treiben Goldschmidts konnte er allerdings nur mit Abscheu gegenüberstehen. Als nun Peder Ludwig Möller – Mitarbeiter am *Corsaren* und gleichzeitig Kandidat für den vakanten Ästhetik-Lehrstuhl an der Kopenhagener Universität – in seinem *Jahrbuch für Ästhetik* Kierkegaards *Stadien auf des*

Lebens Weg in verächtlichmachender Weise rezensiert hatte, ging dieser zum Angriff über. Er deckte nicht nur Möllers Mitarbeit am *Corsaren* auf, sondern brachte sich selbst in entschiedener Weise ins Spiel, indem er verlangte, ebenso wie jeder andere anständige Mensch in Dänemark vom *Corsaren* angegriffen, anstatt gelobt zu werden. Goldschmidts Antwort waren monatelange Attacken auf Kierkegaards Person, zwar in Wort und Bild schwach, doch wegen ihrer allen Anstand zurücklassenden Rücksichtslosigkeit nicht ohne Wirkung. Jahrelang konnte der solcherart Verspottete die Straße nicht mehr betreten, ohne belästigt zu werden. Vor allem aber wurden Kierkegaard einfache Menschen aus seiner Umgebung, an deren Sympathie ihm stets besonders gelegen war, entfremdet.

Allerdings gab es auch auf der Gegenseite Auswirkungen – Möller musste seine Hoffnungen auf die Professur begraben und Goldschmidt schließlich den *Corsaren* einstellen. Beide verließen Dänemark. Kierkegaard aber war in seiner Geburtsstadt als Sonderling abgestempelt. Doch dies erschien ihm als das Entscheidende: Er hatte die Unwahrheit der bestehenden Verhältnisse, die Bodenlosigkeit der öffentlichen und die Gemeinheit der veröffentlichten Meinung, der Presse, unüberhörbar bloßgestellt – und dies in einer Gesellschaft, die von sich vermeinte, christlich zu sein.

Seine letzte Auseinandersetzung mit dem „Bestehenden" führte Kierkegaard mit den offiziellen Repräsentanten der dänischen Kirche, den Bischöfen Mynster und Martensen. Er gab zu diesem Zweck eine eigene Schriftenreihe heraus, *Der Augenblick,* der im Übrigen den Rest seines (orthodox protestantischer Auffassung gemäß nicht auf Zinsen angelegten) Vermögens aufzehrte. In furchtbarer Schärfe polemisierte er gegen das, was er „Christenheit" nannte, für die ihm stellvertretend der „Pfarrer" einstand. In diesem erblickte Kierkegaard den lebenden Widerspruch zwischen Wort und Tat, zwischen Glaubensverkündigung in der Predigt und Abwesenheit von jeglicher Bereitschaft zur Nachfolge Christi im bürgerlichen Alltag.

Kierkegaard wollte die Kirche nicht reformieren wie Luther, er verneinte sie nicht wie nach ihm Nietzsche. Seine Polemik war die eines religiösen Schriftstellers – vielleicht des einzigen dem Geschick seines Zeitalters gemäßen, wie Heidegger meinte.[3]

Am 2. Oktober 1855 – die 10. Nummer des *Augenblicks* war im Druck – brach Kierkegaard auf offener Straße zusammen, physisch (vermutlich eine Rückenmarksentzündung auf tuberkulöser Grundlage) wie psychisch am Ende. Eingeliefert in das Frederiks-Hospital wäre er zwar bereit gewesen, das Abendmahl zu empfangen, weigerte sich aber, dieses aus der Hand eines Pastors – der für ihn nichts als ein königlicher Beamter war – entgegenzunehmen. Er starb am 11. November 1855.

Emil Boesen, Kierkegaards einziger Freund, hat ein Gespräch aus den letzten Krankenhaustagen aufgezeichnet. Kierkegaard sagte diesem Bericht zufolge: „Ich bin ein Instrument gewesen für die Lenkung. Sie warf mich aus, und ich sollte gebraucht werden. So ist es denn mehrere Jahre gegangen. ... nun streckt die Lenkung die Hand aus und nimmt mich hinein in die Arche; das ist allezeit der außerordentlichen Sendboten Dasein und Schicksal" (Br 266).

Kierkegaards Schwermut in Leben und Werk

Jeder Versuch, sich von Kierkegaards Biographie her seinem Werk zu nähern – die Rechtmäßigkeit eines solchen Vorhabens einmal vorausgesetzt –, begegnet immer wieder Texten, die von der Schwermut ihres Autors ausdrücklich Zeugnis geben. Dies geschieht auf verschiedenen Ebenen der Besinnung: in den Tagebüchern, in den unter Pseudonym veröffentlichten Schriften (vor allem in *Entweder/Oder* und in den *Stadien*, seltener in den *erbaulichen Reden*), ausführlich aber in der Selbstdarstellung: *Der Gesichtspunkt für meine Wirksamkeit als Schriftsteller.*

So sehr nun Kierkegaard den persönlichen Hintergrund für seine Schwermut auch betont hat – das Erbe des Vaters und die Auflösung der Verlobung –, so wird ihm dieses Phänomen doch nie zu einer nur privaten, bloß biographischen Sache. Es zeigt sich vielmehr eine Mehrdimensionalität von ganz eigentümlicher Struktur. Besonders deutlich wird dies an einem Text aus Entweder/Oder:

„Was ist also Schwermut? ... Als unmittelbarer Geist hängt der Mensch mit dem gesamten irdischen Leben zusammen, und jetzt will der Geist sich gleichsam sammeln aus dieser Zerstreutheit heraus und sich in sich selbst erklären; die Persönlichkeit will sich ihrer selbst bewusst werden in ihrer ewigen Gültigkeit. Geschieht dies nicht, kommt die Bewegung zum Stehen, wird sie verdrängt, dann tritt Schwermut ein."

Bis ins 17. Jahrhundert hinein wurde die Schwermut von der Medizin mit Phänomenen der Besessenheit in einen Zusammenhang gebracht. In der Epoche der Aufklärung rückten dann die Symptome physischer Erschöpfung in den Vordergrund.[4] Doch sind die psychischen wie physischen Anzeichen für Kierkegaard nicht das Entscheidende.

Die Schwermut, die hier gemeint ist, gehört wesentlich zum Geist. Kierkegaard hat dabei bestimmten Richtungen neuerer Psychopathologie vorgearbeitet. Der Krankheitszustand wird dort *Melancholie* genannt, das *nicht* unmittelbar krankhafte, wenn auch der Melancholie ähnliche Befinden dagegen *Schwermut*.[5] Gemeinsam ist hier wie dort, dass in den Lebensabläufen Stockungen eintreten, dass das Lebenstempo auffällig langsamer wird. – Ist es das innerste *Leben des Geistes*, zu sich zu kommen und heißt das geichzeitig, sich aus der Zerstreuung in die auseinanderstrebenden äußerlichen Interessen wieder auf sich selbst hin zu sammeln, so zeigt sich die Schwermut im Geistigen durch ein Stocken dieser Bewegung, ja, am Ende durch deren Stillstand.

Die Schwermut führt zurück vor das Entweder-Oder der ursprünglichen Wahl, die jeder einzelnen Wahl zwischen bestimmten Möglichkeiten vorausgeht: der Wahl, sich selbst zu wählen oder sich nicht zu wählen, der Entscheidung, ethisch zu existieren oder in der Indifferenz des Ästhetischen zu bleiben (EO II 180).

Nicht zu wählen heißt, seinem eigenen Wesen gegenüber sorglos zu sein; dies nennt der Ethiker „Sünde". So ist die Schwermut – im Gegensatz zur Melancholie – eine Sünde, ja, die „Sünde instar omnium", Sünde, die alle anderen aufwiegt.

Kurz vor dem oben aus *Entweder/Oder* zitierten Text sagt der Ethiker: „In unserer Zeit gilt es als etwas Großes, wenn man schwermütig ist; ich schließe mich an eine ältere Kirchenlehre an, welche die Schwermut zu den Kardinalsünden zählte" (EO II 197 f.).

Unter dem Namen „acedia" war die Schwermut ein Hauptstück mittelalterlicher Moraltheologie. Das lateinische Wort kommt aus dem Griechischen und bedeutet soviel wie „Mangel an Sorge" – also „Sorglosigkeit". Diese Wortbedeutung drückt genau aus, was sachlich gemeint ist: Gleichgültigkeit hinsichtlich des eigenen Wesens.[6]

Die Position der acedia ist – wie zum Beispiel Thomas von Aquin dies deutlich macht[7] – nicht nur eine Sünde, sondern eine besondere Sünde, eine Tod- und Hauptsünde. Und Thomas zählt zu den „Töchtern" der acedia die *desperatio* – die Verzweiflung, Hauptthema in Kierkegaards *Die Krank-*

heit zum Tode – und die *evagatio mentis* – das ruhelose Umherschweifen des Geistes, Hauptmerkmal des in die Zerstreuung flüchtenden Ästhetikers, wie er in *Entweder/Oder* beschrieben ist.

Treffend bemerkt Josef Pieper hierzu: „Acedia: das ist jene träge Traurigkeit des Herzens, die sich das Große nicht zumuten will, zu dem Gott die Menschen berufen hat. Diese Trägheit erhebt überall da ihr lähmendes Antlitz, wo ein Mensch den verpflichtenden Seinsadel seiner wesenhaften Würde als Person, zumal den Adel der Sohnschaft Gottes, abzuschütteln und also sein wahres Selbst zu verleugnen sucht".[8]

Kierkegaard erkennt auch seine eigene Neigung zum Krankhaften in dieser Richtung, und er macht eine Disproportion dafür verantwortlich. So bekennt er im Tagebuch: „Ich bin eine im tiefsten Sinn unglückliche Individualität, da ich von meiner frühesten Zeit an festgenagelt gewesen bin an das eine oder andere – bis an den Wahnsinn grenzende – Leiden, das seinen tieferen Grund in einem Missverhältnis zwischen meiner Seele und meinem Leibe haben muss ..." (T II 61). Aber zugleich sieht er auch das andere: „Ich habe geglaubt, dies sei der teure Preis, für den Gott im Himmel mir eine Geisteskraft verkauft habe, die unter den Mitlebenden ihresgleichen sucht" (T II 62).

Schwermut verschließt. Zu ihrem Verschließungscharakter gehört jedoch eine eigentümliche Weise des Erschließens, sofern die Verschlossenheit als solche erfahrbar wird; darin liegt das Niederdrückende, aber auch die Chance dieser Stimmung.*

---

*Von d. Hrsg. gekürzt u. mit freundl. Genehmigung des Verlages Josef Knecht entn. aus: Entweder/Oder, Herausgefordert durch Kierkegaard, hg. v. J. Splett und H. Frohnhofen, Frankfurt a. Main 1988

Anmerkungen zum Nachwort

[1] Max Lenz, zitiert nach Schelling, Philosophie der Offenbarung 1841/42, hg. v. M. Frank, Frankfurt 1977, 399
Kierkegaards Aufzeichnungen zu diesem Thema ebd. 452 ff.

[2] Vgl. K. Hemmerle, Gott und das Denken nach Schellings Spätphilosophie, Freiburg u. a. 1968, 4. Kapitel

[3] M. Heidegger, Holzwege. Gesamtausgabe 5, Frankfurt 1977, 249. Zu Kierkegaards Stellung zur Christenheit seiner Zeit vgl. H. Deuser, S. Kierkegaard. Die paradoxe Dialektik des politischen Christen, München 1974

[4] H. E. Kehrer, Hysterie, in Wb. d. Phil. 3 (1974) 1268 f.

[5] H. Tellenbach, Melancholie, 4. erw. Aufl. Berlin u.a. 1983, 11

[6] Die Einheit der Seinsstruktur des Menschen thematisiert von der Sorge her, M. Heidegger, Sein und Zeit. Gesamtausgabe 2, Frankfurt 1977, §§ 41 - 42

7 Summa theologica II/II, quaestio XXXV

8 J. Pieper, Das Viergespann, Freiburg 1970, 276

Zu den Autoren:

Hanne Baar, Diplompsychologin,
nach Studienabschluss 1968 bis 1980 tätig in einer kommunalen Beratungsstelle im Rheinland. Heute Leiterin von Seminaren zu Themen Christlicher Psychologie, auch im Rahmen von IGNIS*. Autorin und Verlegerin. Wohnhaft in Würzburg

Helmut Vetter, 1942 geb. in Preßburg, Studium der Philosophie, Germanistik und der klassischen Philologie in Wien. Professor am Institut für Philosophie der Universität Wien

---

* IGNIS, Deutsche Gesellschaft für christliche Psychologie e.V.,
wissenschaftlich-biblisch-charismatisch

Inhaltsverzeichnis von: S. Kierkegaard, *Die Krankheit zum Tode* (Reclam Universalbibliothek Nr. 9634, Stuttgart 1997)

I. Abschnitt

I	Die Krankheit zum Tode ist Verzweiflung
IA	Daß Verzweiflung Krankheit zum Tode ist
IAA	Verzweiflung ist eine Krankheit im Geist, im Selbst, und kann so ein Dreifaches sein: Verzweifelt nicht sich bewußt sein, ein Selbst zu haben (uneigentliche Verzweiflung) – verzweifelt nicht man selbst sein wollen; verzweifelt man selbst sein wollen;
IAB	Möglichkeit und Wirklichkeit der Verzweiflung
IAC	Verzweiflung ist: „Die Krankheit zum Tode".
IB	Die Allgemeinheit dieser Krankheit (der Verzweiflung)
IC	Die Erscheinungsformen dieser Krankheit (der Verzweiflung)
ICA	Verzweiflung ohne Reflexion darauf betrachtet, ob sie bewußt ist oder nicht, so daß also nur auf die Momente der Synthese reflektiert wird
ICAa	Verzweiflung, gesehen unter der Bestimmung Endlichkeit – Unendlichkeit
ICAaα	Verzweiflung der Unendlichkeit ist das Fehlen von Endlichkeit
ICAaβ	Verzweiflung der Endlichkeit ist das Fehlen der Unendlichkeit
ICAb	Verzweiflung, gesehen unter der Bestimmung Möglichkeit – Notwendigkeit
ICAbα	Verzweiflung der Möglichkeit ist das Fehlen von Notwendigkeit
ICAbβ	Verzweiflung der Notwendigkeit ist das Fehlen von Möglichkeit
ICB	Verzweiflung, gesehen unter der Bestimmung Bewußtsein
ICBa	Jene Verzweiflung, die nichts davon weiß, daß sie Verzweiflung ist oder die verzweifelte Unwissenheit darüber, ein Selbst und ein ewiges Selbst zu haben

ICBb	Jene Verzweiflung, die sich bewusst ist, Verzweiflung zu sein, sich also bewusst ist, ein Selbst zu haben, in dem doch etwas Ewiges liegt und nun entweder verzweifelt nicht sie selbst oder verzweifelt sie selbst sein will.
ICBbα	Verzweifelt nicht man selbst sein wollen, Verzweiflung der Schwäche
ICBbα1	Verzweiflung über das Irdische oder über etwas Irdisches
ICBbα2	Verzweiflung am Ewigen oder über sich selbst
ICBbβ	Jene Verzweiflung, verzweifelt man selbst sein zu wollen, Trotz
II	II. Abschnitt
II	Verzweiflung ist die Sünde
IIA	Verzweiflung ist die Sünde
IIA1K	Die Gradationen im Bewusstsein des Selbst (die Bestimmung: vor Gott)
IIA1Z	Dass die Definition von Sünde die Möglichkeit des Ärgernisses enthält – eine allgemeine Bemerkung über Ärgernis
IIA2K	Die sokratische Definition von Sünde
IIA3K	Dass die Sünde nicht Negation, sondern Position ist
IIA3KZzA	Aber wird Sünde dann nicht in einem gewissen Sinn zu einer großen Seltenheit (Die Moral)?
IIB	Die Fortsetzung der Sünde
IIBA	Jene Sünde, über seine Sünde zu verzweifeln
IIBB	Jene Sünde, an der Vergebung der Sünden zu verzweifeln (Ärgernis)
IIBC	Jene Sünde, das Christentum *modo ponendo* aufzugeben, es für Unwahrheit zu erklären

Zeittafel

1813	5. Mai: Geburt Sören Kierkegaards in Kopenhagen als jüngstes von 7 Kindern
1830	Immatrikulation an der Universität Kopenhagen
1834	Tod der Mutter
1838	Tod des Vaters (der Tod raubt K. nicht nur die Eltern, sondern auch die Geschwister, 5 der 6 Geschwister sind im Jahr 1835 bereits gestorben)
1840	theologisches Staatsexamen Verlobung mit Regine Olsen
1841	Doktorarbeit, Auflösung seiner Verlobung mit Regine Olsen
1843	Beginn eines 12-jährigen intensiven Schaffens Es erscheinen: Entweder/Oder Furcht und Zittern Die Wiederholung Philosophische Brocken oder ein Bröckchen Philosophie Der Begriff der Angst Drei Reden bei gedachten Gelegenheiten Stadien auf dem Weg des Lebens Achtzehn erbauliche Reden Abschließende unwissenschaftliche Nachschrift zu den philosophischen Brocken, eine literarische Anzeige Erbauliche Reden in verschiedenem Geist Taten der Liebe Die Krankheit zum Tode Einübung in Christentum (u. einig. mehr)
1855	Flugblatt „Der Augenblick" erscheint – K.'s Kampfmittel gegen die Kirche, der er vorwirft, das Christentum veruntreut zu haben 2. Oktober: K. bricht auf der Straße zusammen und wird in ein Kopenhagener Krankenhaus eingeliefert 11. November: Tod Sören Kierkegaards (im Alter von 42 Jahren)

WEITERE BÜCHER
IM HYMNUS-VERLAG
über den Buchhandel oder direkt: Kardinal-Döpfner-Platz 7, 97070 Würzburg, Fax 0931 4 60 62 59

Hanne Baar
KIERKEGAARD ZUM 18TEN

Beiträge zu einer christlichen Tiefenpsychologie
Nachwort Peter Hübner

Hymnus-Verlag
84 S, Pb, 10 EUR
ISBN 3-9803801-6-5

Mit „Kierkegaard zum 18ten" ist das Kernkapitel aus ENT-WEDER-ODER leichter lesbar gemacht: per Kürzungen, Straffung, Zwischenüberschriften.

Zum Inhalt: Laut Kierkegaard sind die Unterschiede in dem, was als Genuss erlebt wird und Menschen von daher treibt, zwar groß, aber nicht von eigentlicher Bedeutung. Von wirklicher Bedeutung ist vielmehr, ob eine Persönlichkeit sich "ästhetisch" oder "ethisch" orientiert, d. h. ob sie – frei von dem Anspruch, dass bestimmte Bedingungen absolut *erst* erfüllt sein müssen – bereit ist, zu sein, wer sie ist, um von dieser Basis aus zu geben, was sie hat, zu tun, was sie kann und zu genießen, was es gibt.

Der große christliche Philosoph entfaltet dieses allgemein bedeutsame Thema lebensnah und praktisch, in wahrer Meisterschaft und nicht ohne Humor.

Geeignete Lektüre für den Religions-, Ethik- oder Philosophieunterricht an Fachschulen, Gymnasien oder Bibelschulen. Passendes Geschenk zum Abitur oder Volljährigkeitsgeburtstag.

Hanne Baar
WIE MAN WAHNSINNIG WERDEN KANN

Beiträge zu einer christlichen Tiefenpsychologie

Hymnus-Verlag
96 S, Pb, 34 Abb., 10 EUR
ISBN 3-9803801-5-7

Es gibt einen „Virus", der unsere Denkprogramme umfunktioniert und uns in den Wahnsinn zu treiben versucht. Wer die eskalierenden Frustrationen einander entgegenstehender Ansprüche nicht bewusst zu verschmerzen lernt, den zerreißt es. In diese Zerrissenheit hinein bietet sich (pseudoverbindend) der Wahnsinn an.

So gesehen ist der Wahnsinn nur die Spitze einer Entwicklung, in der wir alle mehr oder weniger stecken. Und damit ist das hier psychologisch wie geistlich entfaltete Thema mit seinen Irrwegen und Auswegen von *allgemeinem* Interesse.

„**Dieses Buch liefert eine spannende, fachlich saubere Aufspürarbeit.**" (Dr. med. Rolf Senst, Facharzt für Psychiatrie und Psychotherapie, Leitender Arzt der DE'IGNIS Fachklinik, Egenhausen/Altensteig)

Hanne Baar
GOTTESVERWECHSLUNG

Jana-Herzberg-Grafiken

Hymnus-Verlag
120 S, Pb, 75 Abb, 10 EUR
ISBN 3-9803801-9-X

Der Prozess einer „Gottes-Entgiftung" ist in 75 treffsicheren Zeichnungen festgehalten und psychologisch kommentiert.

Themen:
Das dem Vater Übelgenommene
Das der Mutter Übelgenommene
Die Herzlosigkeit der „Hiobsfreunde"
Eine schmerzliche Spaltung im eigenen Innern
Unterscheidung und Erlösung
„Bei falschen Gottesbildern ist die Umkehr in einer Tiefe nötig, in die diese Bilder führen."
(Pastor Klaus-Dieter Passon, Jesus-Haus Düsseldorf)

Hanne Baar und Jana Herzberg
GOTTESBEGEGNUNG AM WUNDEN PUNKT

Jana-Herzberg-Grafiken

Hymnus-Verlag
120 S, Pb, 74 Abb, 10 EUR
ISBN 3-933959-04-7

Unter Verwendung von 74 treffsicheren Zeichnungen geht es um das betende Verarbeiten verwirrender Erfahrungen.

Im Hören und Warten auf Gott, und „im Anschaun seines Bildes werden wir verwandelt" und geheilt.

Hanne Baar
DIE NAMEN MEINER FEINDE

Haltungssünden unter
der psychologischen Lupe

Hymnus-Verlag
120 S, Tb, 8 Abb, 7,50 EUR
ISBN 3-9803801-2-2

Viele Menschen fühlen sich heute unter Druck, manche permanent und in sich steigernder Weise. Sie sind geradezu druckallergisch.

Alles wird ihnen zu eng: Kleider, Vorschriften, Termine, Erwartungen und Ansprüche anderer. Das Ergebnis ist ein beständiges Gefühl von Überforderung und Zeitdruck, das alle Freude tötet.

In dem hier erzählten Zeugnis kommt nach und nach zum Vorschein, was bei diesem Geschehen das *eigentlich* Zerstörerische ist. – **„Ich muss sagen, dass ich von diesem Innenweltkrimi begeistert bin. Ich habe ihn in einem Zug durchgelesen."** (Dr. Wolfhard Margies, Berlin)

AUCH IN ENGLISCH ERHÄLTLICH:

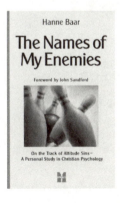

Hanne Baar
THE NAMES OF MY ENEMIES

Foreword by John Sandford
Hymnus-Verlag
Tb., 130 S., 7,50 EUR,
ISBN 3-933959-00-4

Hanne Baar
QUÄLGEIST EIFERSUCHT

Die Geschichte einer Heilung

Hymnus-Verlag
100 S, Tb, 6 Abb., 7,50 EUR
ISBN 3-9803801-1-4

„Mit einer Offenheit, die betroffen macht, schildert eine gläubige Fachkollegin ihre Erfahrungen. Sie bringt den Mut auf, den Befund zu erkennen und beim Namen zu nennen und am Besitztum der Kränkung nicht länger festzuhalten." Dr. K.-H. Mandel, Diplompsychologe, Prem a. Lech

Hanne Baar, Hartmut Schott, Gisela Unger
PASSION UND DREI TRÄUME

Lebenskrisen im Rückblick

Hymnus-Verlag
77 S, Tb, 7,50 EUR

ISBN 3-933959-05-5

„O-Mann-o-Mann", „Glaubensk(r)ampf eines Geistgetauften", „Passion und drei Täume": Drei Autoren lassen uns an außergewöhnlich belastenden Erfahrungen teilnehmen, die, im Rückblick betrachtet, mitteilbar und erträglich werden

Hanne Baar
GOTT MACHT DAS KRUMME GERADE
Essays zum Nachspüren

Hymnus-Verlag
72 S, Tb, 3 Abb, 7,50 EUR
ISBN 3-9803801-0-6

Inhalt: Wonach sich das Herz verrenkt – Entstehung negativer Haltungen – Das dominante Wesen – Leistungsorientiertheit und Glaube – Die Grenze zum Wahnsinn – Seelischer Schmerz und die Angst davor ...

Hanne Baar
GOTT MACHT DAS SCHWACHE STARK
Essays zum Nachspüren

Hymnus-Verlag
72 S, Tb, 7 Abb, 7,50 EUR
ISBN 3-9803801-3-0

Inhalt.: Druck, Stress und *keine Zeit* – Wollen, was Gott will *oder* das feine, freie Zusammenspiel von Wille und Gewissen – Der lebendige Rhythmus gesunder Fähigkeiten und seine Verzerrungen – Liebessehnsucht und Bindungsangst – Die Chance von Krisen – Resignation ...

Hanne Baar
GOTT MACHT ALLES NEU
Essays zum Nachspüren

Hymnus-Verlag
72 S, Tb, 4 Abb, 7,50 EUR
ISBN 3-9803801-4-9

Inhalt: Amazing grace – Das Übel nicht nehmen – Das Übel im Leib – Diagnose Krebs – Diagnose Schizophrenie – Verhängnisvolle Dreiecksbeziehungen – Gott kann rechnen – Das Keine-Zeit- Syndrom ...